10대가
가짜 과학에
빠지지 않는
20가지 방법

10대가 가짜 과학에 빠지지 않는 20가지 방법

마크 짐머 글 | 이경아 옮김

오유아이 Oui

차례

과학이란 무엇인가?

진│짜 과학과 가짜 과학을 가려내려면 과학이 무엇인지부터
└─┘ 알아야 한다. 과학을 정의하는 방식은 다양하다. 그러나 과
학이 실험 결과를 해석해 자연계를 이해하는 과정이라는 데는 많
은 사람이 동의할 것이다.

1833년 이전까지만 해도 화학 물질을 섞어 새로운 물질을
만들고 관찰하는 따위의 실험을 하는 사람을 일컬어 '자연 철학
자'라고 했다. 갈레노스(129~210 추정), 갈릴레오 갈릴레이(1564~
1642), 아이작 뉴턴(1642~1727)처럼 우리에게도 친숙할 만큼 널
리 알려진 이들은 모두 자연 철학자였다. '과학'이라는 용어는 있
었지만, '과학을 연구하는 사람'을 일컫는 일반적인 표현은 없었

다. 1833년, 케임브리지대학교 교수인 윌리엄 휴얼은 자연 탐구에 몰두하면서 실증적인 것을 중요하게 여기는 사람들을 가리키고자 '과학자'라는 용어를 만들었다. 과학자는 지식을 얻기 위해 오로지 생각만을 다루는 철학자와 달리 실험에 의존한다.

대체로 과학자는 과학적 방법에 따라 자연에 관한 사실을 찾아낸다. 이런 과정에서 자신이 가진 지식을 총동원해 아직 설명되지 않은 새로운 관측이나 현상에 대한 가설(경험에 따른 추측)을 세운다. 과학 철학자 칼 포퍼(1902~1994)의 말을 빌리자면, 가설이 정말로 과학적인 것이 되려면 반증할 실험이 존재해야 한다. 예를 들면 과학자는 해넘이가 아름다운지 아닌지를 보이는 실험은 할 수 없다. 아름다움을 증명하거나 반증할 방법이 없기 때문이다. 따라서 아름다움에 대해 연구하는 미학美學은 과학이 아니다.

하지만 블랙홀 충돌처럼 엄청난 가속도로 움직이는 거대한 물체가 만들어 낸 시공간의 잔물결, 다시 말해 '중력파'에 관한 연구는 과학이다. 1916년, 중력파가 존재한다는 가설을 세운 알베르트 아인슈타인(1879~1955)은 이런 파장이 너무 작아 탐지할 수 있으리라고는 생각하지 못했다. 이론상으로는 물론 실제로도 중력파는 아주 적은 양이 주기적으로 스쳐 지나가기 때문에 우리는 중력파가 가져온 변화를 느끼지 못한다. 이러한 어려움에도 중력파가 존재한다는 사실은 증명할 수 있었다. 과학자가 해야 할 일은 이처럼 작은 변화를 측정하는 데 필요한 기술을 개발하는 것이다.

세계 최대의 실험을 벌인 결과, 2015년에야 과학자들은 처음으로 중력파를 측정하는 데 성공했다. 중력파는 지구를 스치기 전까지 13억 년 동안 우주 공간을 지나오는 여행을 했다. 우주에서 멀리 떨어진 거대한 물체가 만들어 내는 중력파가 몇 주에 한 번씩 지구와 부딪히는 것을 입증하는 데는 수십억 달러의 비용과 1000여 명의 인력이 동원됐다. 그 후로 과학자들은 정기적으로 중력파를 탐지해 왔다.

이 이상하면서도 좀처럼 탐지하기 어려운 파장은 반증할 수 없었기 때문에 중력파가 존재한다는 예측은 과학적 가설이었다. 그러나 과학자들이 한번 중력파를 측정하고 감지하자, 중력파의 존재는 과학적 사실이 되었다. 만약 그 실험에서 중력파를 탐지하지 못했다면 중력파가 존재하지 않는다는 사실이 입증되는 것이니 가설은 잘못으로 판명되었을 것이다.

실험을 한 뒤 과학자들은 결과를 해석하고 자신들이 가설을 증명했는지를 결정한다. 대개 실험 결과는 측정의 형태로 나타난다. 중력파를 찾아내기 위해 미국, 영국, 독일, 오스트레일리아 등 여러 나라의 과학자들이 레이저 간섭계 중력파 관측소인 라이고LIGO에서 공동으로 연구를 진행했다. 레이저 간섭계는 길이가 4킬로미터인 진공관 두 개가 L자 모양으로 설치되어 있다. 이런 라이고 가운데 하나는 미국 남부 루이지애나주 리빙스턴에 있고, 나머지 하나는 거기서 3002킬로미터 떨어진 미국 북서쪽 끝의 워싱턴주 핸포드에 있다. 지구에서 수십억 광년 떨어진 곳에서 발생한 중력파는 진공관 양 끝에 있는 거울에 양성자 지름의 1000분의 1만큼 굴절을 만든다. 이처럼 작디작은 왜곡이 자동차 충돌 사고나 지진 같은 지상의 다른 방해 요인 때문에 나타나지 않도록 두 라이고 탐지기는 서로 멀리 떨어진 곳에다 설치했다. 따라서 두 곳의 라이고 탐지기에서 똑같은 왜곡을 관측하고, 그 왜곡이 10밀리초*만큼의 시차를 보인다면 중력파를 감지했다고 볼 수 있다.

2015년 9월 14일 월요일 새벽 4시 51분. 13억 년 떨어진 곳에서 발생한 중력파가 루이지애나주에 있는 라이고 탐지기에 도달하여 레이저를 포함한 공간이 왜곡되는 사건이 벌어졌다. 처음에 루이지애나주의 관측소에서 감지된 중력파는 7밀리초 뒤에 워싱턴주의 관측소에서도 감지됐다. 그 시각 미국에서 이 프로젝트에 참여한 사람들은 모두 잠을 자고 있었다. 한편, 독일은 오전 11시 51분으로 마침 점심시간이었다. 독일 하노버에 있는 막스플랑크 중력물리학연구소에서는 젊은 물리학자 마르코 드라고가 라이고에서 보내온 데이터를 들여다보고 있었다. 그는 데이터를 보자마자 컴퓨터 시뮬레이션이 예측한 중력파 패턴을 알아봤다.

*시간의 단위. 1밀리초는 1초의 1000분의 1이다.

곧바로 드라고의 동료 한 사람이 루이지애나주에 있는 라이고 상황실로 연락을 했다. 라이고의 연구원들이 확인에 확인을 거듭하는 동안 이 모든 사실은 비밀에 부쳐졌다. 신호는 시험용도 아니고 소음도 아니었다. 진짜 중력파였다.

2016년 2월, 신호가 관측된 지 다섯 달 만에 연구에 참여한 사람들은 하나같이 그 신호가 실제 중력파였음을 확신하기에 이르렀다. 연구원들은 기자 회견을 열고 아인슈타인이 100년 전에 언급한 중력파를 발견했다고 세상에 알렸다. 그사이 그들은 물리학회지인 〈피지컬 리뷰 레터Physical Review Letters〉에 이 같은 성과를 정리한 논문 한 편을 발표했다. 논문에 참여한 저자만 해도 1000명이 넘었다.

라이고와 같은 측정에 이용되는 기술과 기구는 절대로 완벽하지 않으며, 그래서 실험에는 언제나 불확실성이 따른다. 불확실성은 과학 실험이라면 본질적으로 갖게 되는 요인이다. 중력파를 탐지하는 과정에서도 그런 불확실성은 감수할 수밖에 없었다. 중력파가 일으키는 변화가 너무도 작아서 주변의 소음과 거의 구별되지 않았기 때문이다. 측정 결과가 진짜인지를 확신하는 데 다섯 달이 걸렸고, 결과물을 발표할 때는 그런 불확실성까지도 고려했다. 그 뒤로 중력 관측소가 더 많이 생겨났고, 중력파도 더 자주 탐지되었다.

과학 비평가들은 불확실성을 이유로 과학적 결과물을 깎아

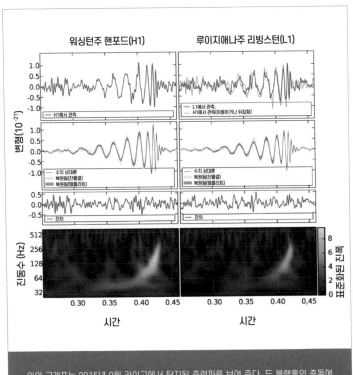

워싱턴주 핸포드(H1)　　　　루이지애나주 리빙스턴(L1)

위의 그래프는 2015년 9월 라이고에서 탐지된 중력파를 보여 준다. 두 블랙홀의 충돌에 이어진 합병으로 양쪽 탐지기 모두 파동 신호의 강도에서 증가세를 보였다. 양쪽의 신호는 7밀리초의 시차를 두고 관측되었다. 이는 중력파가 두 라이고 관측소 사이의 거리인 3002km를 이동하는 데 걸린 시간이다.

내리곤 한다. 그들은 불확실성을 두고 과학자들이 확실히 아는 것이 아무것도 없다는 걸 보여 주는 증거라고 주장한다. 하지만 이런 주장은 불확실성을 제대로 이해하지 못한 데서 생긴 오해다. 오차와 불확실성이 없다면 과학은 존재할 수 없을 것이다.

과학적 성과와 함께 늘어나는 가짜 과학

놀라운 과학적 발견이 일궈 낸 성과 중에는 생명을 구한 것도 있다. 가장 많은 생명을 구한 것으로는 1918년 미국의 위생공학자인 아벨 울먼과 화학자 린 엔슬로가 발견한 '염소 소독법'을 꼽을 수 있다. 질병을 옮기는 매개체가 되기도 했던 물을 염소로 소독함으로써 전 세계 약 2억 명이 목숨을 건질 수 있었다. 다음으로는 1970년대에 미국 감염병학자 윌리엄 페기가 벌인 천연두 퇴치 전략을 들 수 있다. 그의 전략은 천연두 퇴치에 크게 기여하여 전 세계 수억 명의 목숨을 살렸다. 세 번째로는 20세기 중반 미국 미생물학자 모리스 힐먼이 개발한 40가지 백신을 들 수 있다. 그중 홍역, 유행성 이하선염, 수두를 비롯한 여덟 가지 백신은 오늘날까지도 널리 쓰이고 있다. 이 여덟 가지 백신은 해마다 전 세계 800만 명의 목숨을 구하는 것으로 추산된다.

얼마나 많은 생명을 살려 냈는가를 파악하는 일은 과학적 발견의 성과를 수량화하는 훌륭한 방법이다. 한편으로는 그런 과학적 발견을 과학계에서 획기적인 성과로 쳐주는지 분석해 볼 수 있다. 다시 말해, 전반적인 과학 분야에 일대 혁신을 불러왔는지 또는 더욱 놀라운 발견으로 이어졌는지를 검토한다. 물의 염소 처리, 천연두 퇴치, 백신이 우리 삶의 질을 높인 것은 분명하지만, 그 덕분에 과학이 이루어지는 방식에 변화가 생겼다거나 과학에 대한 대중의 이해도가 높아진 것은 아니다. 이런 이유로 이들 네

과학자는 노벨상을 받지 못했다.

노벨상은 세계에서 가장 권위 있는 상으로 꼽힌다. 노벨 화학상·물리학상·의학상은 해마다 가장 주목할 만한 과학적 성과를 이룬 과학자에게 돌아간다. 노벨상 수상자는 상장, 메달, 세계적 명성과 더불어 꽤 큰 상금을 받는다. 역대 노벨상 수상자를 살펴보는 것만으로도 최고의 과학적 성과를 확인할 수 있다. 중요한 과학적 성과에는 대부분 노벨상이 주어졌기 때문이다.

그러나 노벨상 수상이 언제나 객관적으로 이루어지는 것은 아니다. 수상자 가운데 여성과 유색인 과학자가 차지하는 비중은 비교적 작다. DNA의 이중 나선 구조를 밝히는 데 이바지한 제임스 왓슨, 프랜시스 크릭, 모리스 윌킨스나 광전 효과를 발견한 아인슈타인은 당연히 그 공로를 인정받아 노벨상을 탔다. 하지만 부당하게도 과거에 노벨 재단은 핵분열을 발견한 네 명의 과학자 가운데 한 사람인 오스트리아 출신의 여성 물리학자 리제 마이트너 같은 과학자를 노벨상 수상자에서 제외한 적이 있었다. 1944년에 동료인 독일의 화학자 오토 한은 리제 마이트너의 연구 덕분에 노벨 화학상을 받았는데도 말이다. 최근에서야 노벨 재단은 뛰어난 여성 과학자의 연구를 인정하려는 분위기다.

과학적 발견에 순위를 매기는 정확한 방법은 없지만, 어떤 식으로 순위를 매기더라도 모든 과학적 발견은 앞서 이루어진 다른 발견을 토대로 한다. 아무것도 없는 상태에서 발견이 이루어지는 경우는 매우 드물다. 뉴턴은 다음과 같은 명언을 남겼다. "내가 다른 사람보다 더 멀리 볼 수 있었다면, 그것은 바로 거인들의 어깨 위에 올라섰기 때문이다." 과학자는 자신이 기반으로 삼는 과학에 의지해야 한다. 그러므로 진실과 사실은 과학 활동의 중심이다.

오늘날에는 과학적인 분야에서 오보(부주의로 퍼진 거짓 정보)와 허위 정보(고의로 퍼뜨린 거짓 정보)가 급속도로 늘고 있다. 과학자가 자신이 기반으로 삼는 과학이 옳은지 그른지를 모른다면 과학 발전은 위협받게 된다. 이 경우 과학자는 새로운 가설을 시험하는 대신에 과학이라고 알려진 정보가 사실인지 아닌지 확인하는 데 더 많은 시간과 노력을 들여야 한다.

과학에 대해 사실 여부를 확인해야 하는 것은 과학자만의 일이 아니다. 단지 과학을 연구하기 위해서가 아니라 안전하고 생산적인 삶을 살기 위해서는 누구든 진짜 과학과 가짜 과학을 구별하는 능력을 갖추어야 한다. 우리는 텔레비전 광고에 나오는 건강 보조제가 효과가 있는지, 아니면 돈 낭비에 불과한지를 알 필요가 있다. 또한 백신이 질병으로부터 우리를 보호해 줄 수 있는지, 또는 기후 변화에 대응하려는 노력이 가치가 있는 일인지도 알아야 한다. 어디 그뿐인가? 우리는 아시아코끼리의 유전자 조작을 통해 4만 년 전부터 1만 년 전까지 생존했던 매머드를 되살리는, 믿을 수 없는 일이 벌어지고 있는 걸 알고 싶을 때도 있다. 고대 생태계를 복원하기 위해 매머드를 되살리려는 하버드대학교의 '매머드 되살리기 프로젝트' 같은 것 말이다.

과학의 퍼즐 맞추기

자연은 과학자의 눈에 아주 흥미로운 퍼즐로 가득 차 있다. 하지만 그들이 맞춰야 하는 퍼즐 조각은 상자에 알맞은 개수만큼 들어 있지도 않고, 완성된 그림이 그려져 있는 것도 아니다. 자연의 퍼즐을 풀려면 퍼즐 조각을 찾아 정확한 위치에 놓아야 한다. 어떤 조각은 다른 조각보다 훨씬 중요하고, 어떤 조각은 중심에 놓일 수도 있다. 과학자는 어떤 조각이 가장 중요한지 알 수 없기에 그런 조각을 찾아 맞추기 위한 연구를 한다. 몇 개의 조각이 빠져있더라도 이미 있는 정보를 추론해 큰 그림을 결정한다. 과학적 방법에 따라 퍼즐 조각 하나하나에 대한 사실 여부를 결정할 수도 있지만, 크게 보면 과학은 다양한 실험을 하고 수없는 실패를 맛본 뒤에 성공하는 사람과 비슷한 점이 많다.

매사추세츠공과대학교의 비트 및 원자 센터center for Bits and Atoms 소장인 닐 거셴펠드는 "아직 지도에 나와 있지 않은 것을 찾으려면 길에서 벗어나 그 옆에 있는 숲을 헤매 다녀야 한다. 과학자가 아닌 일반인은, 과학은 사실이 밝혀진 뒤에야 목표 지향적으로 보인다는 것을 깨닫지 못한다. 알고 보면 과학적 사실이 밝혀지는 과정은 승리의 행진이라기보다는 즉흥적 성격을 띤 무질서한 춤에 더 가깝다."라는 글을 남겼다.

일반인의 눈에는 과학적 방법이 간단명료해 보이고 과학자가 직관적이며 방법론적인 사람으로 보일지라도, 넓게 보면 과학이 항상 일직선으로 펼쳐지는 것은 아니다. 어떠한 지도나 도표로도 과학 이론을 증명하거나 반증하는 길을 보여 주지 못한다. 그보다는 과학적 창의력을 발휘해 가설, 실험, 분석을 찾아내야 한다.

자연의 퍼즐에 대한 해답은 이미 있는 이론을 새롭게 이해하고, 새로운 이론의 기초를 다지고, 실험에 필요한 신기술을 만들어 낼 수 있다. 어느 단계에 이르면 퍼즐 조각을 제 위치에 놓는 일이 점점 쉬워진다. 연구가 점차 속도를 내는 것이라 볼 수 있다. 퍼즐의 윤곽이 드러나면 획기적인 발전이 이루어진다. 퍼즐의 중심에 조각을 놓으면 새로운 영역이 등장한다. 중요한 퍼즐을 해결하고 나면 그것을 계기로 또 다른 퍼즐이 새롭게 시작될 수 있다.

물론 과학자도 인간이기 때문에 복잡한 이론을 발견하고도 이를 잘못 해석하거나 불완전한 데이터를 내놓을 수 있다. 진짜 과학이 만들어 낸 새로운 이론이라도 나중에 틀렸다고 반증될 수 있다. 과학자가 항상 옳은 것은 아니며, 그렇다고 문제 될 것은 없다. 틀리는 것도 과학을 해 나가는 과정의 일부로 볼 수 있으니까 말이다. 문제는 진짜 과학에 근거해 반증이 된 이론을 가짜 과학과 구별하는 일이 일반인에게는 매우 어렵다는 점이다. 정확한 결론에 이르는 것과는 상관없이 진짜 과학은 언제나 과학적 방법을 따르며 반증 가능한 가설을 시험한다. 그런 기준에 부합하려면 학계의 피드백이 필요하다. 이는 과학 학술 회의나 관련 분야 전문가의 심사를 받는 문헌에서 흔히 찾아볼 수 있다.

과학의 품질을 관리하는 학술지

1600년대 이전에 과학자들은 실험을 마치고 나서 생각과 이론이 어느 정도 무르익었다 싶으면 실험 결과와 생각을 개인적인 편지로 주고받기도 하고 공개 강연을 하거나 책으로 냈다. 당시에는 과학을 제대로 하고 있다는 것을 입증한다거나 동료 학자의 평가를 이끌어 내고 연구에 동참하도록 연구 성과를 세상에 발표할 방법이 달리 없었다. 그러다가 1665년에 관련 분야 전문가에게 심사를 받는 과학 학술지가 등장하면서 과학자들은 각자의 실험 결과를 세상에 발표할 수 있었다. 연구 자료는 다른 동료 과학자가 검토한 뒤에야 발표할 수 있었고, 그 결과 어느 때보다 과학자들 사이의 협력과 소통이 중요해졌다. 과학은 더욱 접근하기 쉬워지면서 대중적이고 민주적인 성격을 띠게 됐다.

어느 연구 팀이 실험을 끝내거나 흥미로운 발견을 하면 논문을 써서 관련 있는 과학 학술지에 제출한다. 논문이 다루고 있는 과학 분야의 전문 지식을 갖춘 편집자는 논문을 읽고 나서 외부 검토를 맡길지 아니면 저자에게 돌려보낼지를 결정한다. 과학 학술지는 대부분 단일 맹검법과 동료 심사 시스템을 이용하여 원고를 평가한다. 다시 말해, 편집자는 논문의 연구 영역에 관한 전문 지식을 갖춘 외부 동료를 두 명 이상 선정하여 원고를 보낸다. 검토를 의뢰받은 사람은 논문을 읽고 논문에 기술된 연구의 질을 판단한다. 단일 맹검법으로 평가가 이루어지는 동안 심사를 하는 사람은 논문을 쓴 사람이 누구인지 알지만, 논문을 쓴 사람은 심사를 하는 사람이 누구인지 알아낼 수 없다.

심사 위원이나 편집자가 원고에 만족하지 못하면 저자에게 돌려보내 고치게 할 수도 있다. 그럼 저자는 논문을 수정하여 다시 제출한다. 이런 과정을 몇 차례 거치고 나서 학술지는 논문을 채택한다. 논문이 심사 위원이나 편집자의 과학적 기준을 충족하면 학술지에 싣는다. 이로써 논문은 과학계에 널리 알려진다.

학술지라고 해서 모두 같은 것은 아니다. 널리 알려진 학술지 〈셀Cell〉, 〈네이처Nature〉, 〈사이언스Science〉는 가장 중요한 논문을 독점적으로 발표한다. 이들 학술지 가운데 한 군데라도 논문을 발표한 저자는 폭넓은 독자층과 큰 명성을 얻게 된다. 〈네이처〉에는 일주일에 200여 편의 논문이 들어오지만, 선정 과정이 무척이나 까다로워 그중에 발표되는 것은 8%에 불과하다. 이는 논문

과학자가 하는 일 가운데 하나는 학술지나 사전 인쇄 서버에 소개된 다른 과학자의 연구 논문을 읽는 것이다. 지난 수십 년에 걸쳐 출판물이 크게 늘어난 탓에 과학자가 자기 분야의 새로운 발견을 모두 알아내기란 쉬운 일이 아니다.

이 전문가의 엄격한 심사를 견뎌 내야 한다는 뜻이다. 의학으로부터 생물학, 물리학으로부터 수학에 이르는 모든 분야의 과학자는 이들 학술지에 자신의 연구 결과를 발표할 날이 오기만을 손꼽아 기다린다. 지금도 전 세계 수많은 과학자가 이들 학술지를 읽고 있다.

과학의 품질 관리나 다름없는 동료 심사가 시행된 지도 350여 년이 지났다. 영국 왕립학회에서 내는 철학 회보의 편집자였던 헨리 올덴버그(1618~1677)는 이런 시스템을 이용한 최초의 편집자로 꼽힌다. 1960년대 이후로 학술지의 수가 크게 늘면서 과학 논문을 심사할 수 있는 공정한 전문가의 수요도 함께 늘었다. 해마다 대략 200만 편의 논문이 4만여 개의 학술지에 발표된다.

동료 심사는 자발적으로 이루어지기 때문에 심사에 참여한 학자는 자신이 쓴 심사평에 대해 아무런 금전적 대가를 받지 못한다. 대다수 학자는 과학 발전에서 이런 논문 심사가 중요하다고 보고 심사에 기꺼이 무보수로 참여한다.

하지만 동료 심사는 그 과정이 불완전하다. 논문을 한 편 심사하는 데는 다섯 시간 정도 걸린다. 이는 해마다 과학자들이 영리를 추구하는 출판사로부터 아무런 보상도 받지 않은 채 논문 심사에 약 6850만 시간을 쓴다는 의미다. 동료 심사에 필요한 무보수 비용은 2008년에 35억 달러에 이르는 것으로 추산됐다. 자기 논문을 쓰기에도 바쁜 과학자들이 다른 사람의 논문까지 읽느라 고군분투하고 있다. 제2차 세계대전(1939~1945) 이후로 논문의 수는 대략 9년마다 두 배씩 늘었다. 논문을 심사해야 하는 학자들로서는 엄청난 부담이 아닐 수 없다.

RULE 1

동료 심사를 거친 학술지에 게재된 연구 논문은 그 분야의 전문가에 의해 엄격한 품질 관리를 받은 셈이다. 가장 중요한 논문은 동료 심사를 거치는 최고의 학술지인 〈사이언스〉, 〈네이처〉, 〈셀〉, 〈미국 국립과학원 회보〉, 〈뉴잉글랜드 의학 저널〉, 〈랜싯〉 등에 게재된다. 동료 심사를 거친 학술지에서 나온 자료라면 대개는 합법적이라고 볼 수 있다.

논문이 검토를 거쳐 발표되려면 꽤 오랜 시간(대개는 몇 개월)이 걸린다. 하지만 동료 심사까지 거치더라도 과학 학술지에는 때때로 허위 논문이나 결함이 있는 논문이 실리고, 혁신적인 아이디어가 담긴 논문이 오히려 거절당하는 사례도 있다. 아무튼 독립적인 심사 위원을 두고 까다로운 심사 과정을 거치는 학술지에 실렸다는 사실만으로도 그 논문은 저자의 연구가 정당하며 과학에 크게 이바지한다는 사실을 보여 준다.

혼동을 불러일으키는 약탈적 학술지

학술지 논문은 과학계에서 통용이 되다시피 했다. 그렇게 실린 논문은 연구 지원금을 받고, 대학에서 종신 재직권을 얻고, 승진을 하고, 학계에 채용 이력서를 넣을 때 이용된다. 일부 대학, 심지어 일부 국가에서는 논문이 발표될 때마다 연구진에게 금전적 보상을 해 준다. 하지만 안타깝게도 발표된 논문 수에만 관심을 기울이는 분위기는 부정적 결과를 낳았다. 이력서의 칸을 채우려는 욕심에 실현 불가능한 결과물로 이루어진 형편없는 논문을 제출할 수도 있기 때문이다.

동료 연구자의 심사가 빠진 학술지도 등장했다. 이른바 '약탈적 학술지'로 불리는 이들 학술지는 논문을 게재할 때마다 저자에게 비용을 요구한다. 비용을 치른 대가로 논문의 저자는 동료 심사를 거치지 않고 논문을 발표할 수 있다. 부정직한 방법으로 실험한 뒤에 소비자에게 제품의 효과를 확신시키고 싶거나 연구가 합법적으로 이루어졌다고 속이고 싶다면 이런 방법을 쓰려고 할 것이다. 약탈적 학술지에는 대개 〈통합 종양학 저널〉 따위 평판 좋은 과학 학술지처럼 들리는 이름이 붙어 있으며, 겉으로 보기에는 동료 심사를 받는 학술지와 거의 다를 바가 없다.

약탈적 학술지의 주된 목적은 출판사의 수익을 올리는 것이다. 결과적으로 이들 학술지는 동료 심사를 거치지 않은 연구물이 빠져나갈 길을 마련해 주는 한편, 부도덕한 학자들의 이력서를 부풀리는 데 한몫을 하고 있다. 약탈적 학술지와 거기에 실린 논문은 일반인과 과학자 모두에게 혼동을 줄 수 있다.

독일의 저널리스트 스베아 에케르트는 동료들과 함께 이런 약탈적 학술지를 검토하는 작업을 벌였다. 그 결과 이런 학술지에 실린 논문 대부분이 학술 기관의 연구원이 쓴 것이었지만, 검증되지 않은 제품을 홍보하려는 의료 기업이나 바이오테크 기업

RULE 2

아무리 유명하더라도 약탈적 학술지에 발표된 연구는 의심의 눈으로 살펴봐야 한다. 2500여 개에 이르는 약탈적 학술지 목록은 https://beallslist.net/에 소개되어 있다.

이 제출한 논문도 적지 않다는 사실이 밝혀졌다. 약탈적 학술지가 어느 정도 품질 관리를 하는지 알아보려고 에케르트는 기존에 이용되는 화학 요법보다 밀랍이 암에 더 효과적인 치료제라고 주장하는 가짜 논문을 작성했다. 에케르트의 논문은 〈통합 종양학 저널〉에 실렸다. 동료 심사라는 첫 번째 관문에서 거부되었어야 할 위험하고 잘못된 정보가 학술지에 버젓이 실린 것이다.

이런 경험을 통해 에케르트와 동료들은 담배 회사 필립 모리스, 제약 회사 아스트라제네카, 원자력 장비와 부품 공급 회사 파라마톰이 자기네 기업의 연구를 좀 더 합법적으로 보이게 하려고 약탈적 학술지를 어떤 식으로 이용해 왔는지 입증하는 자료를 찾아냈다.

많은 과학자는 약탈적 학술지를 경멸의 시선으로 바라본다. 오스트레일리아 과학자 앨런 핀켈은 "학술지가 과학의 문지기라면, 약탈적 학술지는 그 문을 갉아먹는 흰개미와 같아서 사람들이 과학 구조의 완전성을 의심하게 만듭니다."라고 말했다. 사서인 제프리 빌은 자신의 웹사이트에 약탈적 학술지로 알려진 약 2500개 학술지의 목록을 발표했다.

허술해진 논문 심사

사전 인쇄 서버는 동료 심사를 거쳐야 하는 학술지에 논문을 제출하기 전에 온라인에 먼저 게시할 수 있는 데이터베이스다. 이런 과정을 거치면 현재 진행되는 연구 프로젝트를 동료 과학자들이 살펴볼 수 있고, 온라인에서 폭넓은 과학 커뮤니티를 끌어들여 비공식적인 외부 심사를 받을 수도 있다. 사전 인쇄 서버는 동료 심사를 거친 학술지를 볼 형편이 안 되는 독자들에게 무료 열람권을 주고 나서 몇 달이 아니라 며칠 만에 논문을 발표한다.

지난 수십 년 동안 수학자, 컴퓨터 과학자, 물리학자는 사전 인쇄 서버를 이용해 왔다. 가장 널리 이용되는 서버는 '아카이브ArXiv'다. 1991년 8월 14일 처음 세상에 나온 아카이브는 2014년 말에 이르러 100만 개가 넘는 사전 인쇄 논문을 보유했다. 사전 인쇄는 특히 몇 군데의 주요 자금 지원 기관과 노벨상을 받은 어느 과학자의 지지에 힘입어 생명과학 분야에서 서서히 인기를 얻고 있다.

미국 뉴욕주 롱아일랜드에 위치한 콜드스프링하버연구소는 세계 최고 수준의 생명과학 연구소이자 교육 기관으로 꼽힌다. 콜드스프링하버연구소는 생명과학 분야에서 가장 많이 쓰이는 사전 인쇄 서버인 바이오아카이브bioRxiv를 운영한다. 바이오아카이브는 2013년에 비영리 서버로 출범했다. 서버가 사전 인쇄에 개별적으로 부여한 디지털 객체 식별 번호DOI 덕분에 이용자는 서버를 쉽게 찾아낼 수 있으며 어떤 변경 사항이든 타임스탬프(시간 표기)를 통해 업데이트 결과를 확인할 수 있다. 또 누구든

지 사전 인쇄를 열람하고 댓글을 달 수 있도록 허용되어 있다.

2019년에 시작된 코로나19의 세계적 대유행으로 과학계의 출판 시스템도 허점이 그대로 드러났다. 대유행 시기에 수많은 과학자가 코로나바이러스의 확산과 효과적인 치료법, 생명을 구하는 데 도움이 되는 관련 연구의 공인된 책을 앞다투어 출판했다. 동료 심사를 받는 학술지도 이런 분위기에 휩쓸리기는 마찬가지였다. 동료 심사 논문을 제출하고 나서 온라인 출판에 이르기까지 기껏해야 한두 주밖에 걸리지 않았다. 이런 상황에서 많은 학술지가 늘어나는 논문 제출을 감당할 수 없었다.

2020년 4월 말, 대유행에 접어든 지 얼마 되지 않아 7500편이 넘는 코로나 관련 논문이 발표됐는데, 대부분 사전 인쇄 서버를 통한 것이었다. 이는 사전에 동료 심사를 통한 품질 관리를 거치지 못했다는 걸 보여 준다. 논문 제출이 엄청나게 늘어나자 자질이 충분한 학자들조차 논문을 심사할 겨를이 없었다. 사전 인쇄 서버가 그런 공백을 채워야 했지만, 여기에도 코로나19와 관련된 논문이 넘쳐났다. 학자들은 연구에 이용할 만한, 코로나바이러스와 관련된 가장 중요하고 정확한 과학적 사실을 찾아내기 위해 서버에 올라온 자료를 일일이 추려 내느라 어려움을 겪었다. 모두가 전문가였고 누구나 자기 몫을 챙기고 싶어 했지만, 논문의 품질 관리에 공을 들이는 사람은 아무도 없었다.

독일의 감염병학자 크리스티안 드로스텐은 2003년에 사스-

과학 기사 읽는 법

과학 논문은 읽기 어렵다. 과학자는 매우 작은 지면에 많은 정보를 담아내야 한다. 간결하고 정확하게 표현하기 위해 논문에는 전문 용어가 사용된다. 대개 논문은 어떤 문제의 아주 작은 부분만을 자세히 보여 준다. 전반적인 상황을 이해하려면 관련된 논문을 많이 읽어야 한다. 전문 용어에 익숙하지 않은 사람이라면 더욱 긴 시간이 걸린다. 하지만 RULE1(22쪽)에 소개된 권위 있는 학술지들은 대부분 유명한 논문에 대해 '단신(news brief)'으로 불리는 간략한 설명을 제공한다. 과학 저널리스트는 관심이 많은 일반인을 위해 이처럼 간략한 설명을 한다. 독자를 끌어들이기 위해 한 단락 또는 한 페이지 정도로 쓴 이런 설명은 믿을 만하다. 논문의 내용을 모두 이해하고 싶다면 이처럼 요약된 설명을 먼저 살펴보자. 그럼 논문의 의도가 무엇인지 분명히 알게 될 것이다. 하지만 아쉽게도 이런 식의 요약본이 있는 것은 가장 중요한 간행물뿐이다.

과학 논문을 읽고 싶거나 읽어야 한다면 대부분의 학술지 기사가 독특한 구조를 똑같이 따른다는 것을 알아 두어야 한다. 학술지 기사는 제목, 저자의 이름(아이디어를 내고, 실험을 하고, 논문을 작성한 사람), 초록으로 시작된다. 연구를 짧게 요약한 초록은 저자에 의해 300단어를 넘지 않는 하나의 단락으로 작성된다. 머리말은 이미 있는 다른 연구의 맥락이나 주변의 역사적 상황에 비추어 논문에서 다루고 있는 연구에 정당성을 부여한다. 연구 결과를 요약한 결론에서는 때로 연구의 부족한 점을 지적하기도 하고, 연구가 앞으로 나아갈 방향을 넌지시 알려 준다. 논문의 중간 세 부분인 방법, 결과, 논의는 논문의 핵심이다. 이들 영역은 연구가 어떤 식으로 이루어졌는지를 설명하고(방법), 얻은 자료를 제공하고(결과), 결과가 의미하는 바를 해석한다(논의).

과학자가 아닌 일반인이 과학 논문을 읽을 때는 초록, 머리말, 결론을 먼저

The particle size dependence ... error in single angle mole... measurements can be c... using Equation 5.[2] This ... can then be used to ca... upper size limit for a ... defined acceptable error in t... molecular weight measureme...

$$\%E_M = |P(\theta)-1|*100 \qquad (5)$$

Figure 3 shows a plot of the calculated %Error in molecular weight as a function of particle size ... ...les ($\bar{n} = 1.333$)

과학 논문은 매우 정확한 용어를 사용하는 데다 논문에서 논의된 개념을 독자가 잘 알고 있다는 가정 아래 작성되기 때문에 읽기 어려울 수 있다. 하지만 인내심을 가지고 읽으면서 낯선 용어나 아이디어에 강조 표시를 하고, 메모하고, 검색하는 기술을 발휘하면 과학자가 아닌 일반인도 과학 논문이 전달하려는 내용을 파악할 수 있다.

살펴봐야 한다. 이들 영역은 과학자가 연구 활동을 벌인 이유와 연구에서 얻은 발견이 가설을 뒷받침하는지 또는 반증하는지를 담고 있다. 중간의 세 부분은 비전문가의 이해를 뛰어넘는 수준의 측정, 방정식, 분석을 세부적으로 다루는 경우가 많다. 하지만 전문적인 과학자가 되고 싶은 사람이라면 언젠가는 자신의 연구 논문을 비슷한 방식으로 쓰게 될 테니 이 부분도 살펴보는 것이 이롭다.

수많은 대학과 연구소에서도 교수진이 진행한 두드러진 연구 활동을 보도 자료로 발표한다. 과학 논문과 달리 이런 보도 자료는 대학의 위상을 높이고 벤처 기업에 자금을 지원할 투자자를 끌어오는 데 목적이 있다. 보도 자료에는 이따금 과장된 내용이 포함될 때가 있으므로 좀 더 주의 깊게 읽어봐야 한다.

코브-1$^{SARS-CoV-1}$(중증 급성 호흡기 증후군 코로나바이러스)을 찾아내는 데 이바지했다. 코로나19가 세계적으로 맹위를 떨치는 동안 그는 독일 언론과 정부 기관의 사스-코브-2$^{SARS-CoV-2}$(신종 코로나바이러스) 관련 전문가로 나섰다. 그는 영국 일간지 〈가디언^{Guardian}〉과의 인터뷰에서 다음과 같이 말했다. "2020년 2월에는 코로나와 관련된 흥미로운 사전 인쇄 논문이 여기저기 돌아다녔습니다. 정말 확실하고 흥미로운 논문을 찾아내려면 이젠 50편의 논문을 읽어야 할 수도 있습니다. 수많은 연구 자원이 낭비되고 있는 셈이죠."

과학은 대체로 빠른 해결책을 내놓지 못한다. 신기술과 의학이 안전하고 효과적임을 입증하려면 오랜 시간이 필요하다. 하지만 갑작스럽게 찾아온 코로나19 대유행으로 이런 과정은 고작 몇

RULE 3

사전 인쇄 서버는 아직 동료 심사를 받지 않는다. 따라서 사전 인쇄 서버에 올라온 논문은 다른 과학자와 학술지 편집자로부터 진짜 과학으로 인정받지 못했다는 점을 알아야 한다. 오히려 그런 논문의 저자는 동료 과학자가 자신의 연구를 평가하고 연구의 구성 요소로 이용하도록 논문을 올린다. 이런 논문이 사전 인쇄 서버에 얼마나 오래 게시되었는지 확인해 보는 것도 좋다. 일 년이 지났는데도 논문이 동료 심사를 받는 학술지에 게재되지 않았다면 미심쩍게 봐야 한다.

개월로 단축될 수밖에 없었다. 사람들의 목숨이 달린 문제 앞에서는 속도가 곧 생명이다. 그런데 같은 프로젝트에 너무 많은 사람이 한꺼번에 몰리다 보니 동료 심사를 받는 학술지 시스템이 제 기능을 할 수 없었던 것이다. 학자들은 엉터리 과학으로부터 진짜 과학을 구별해 내느라 쩔쩔매는 상황에 이르렀다. 어떤 이들은 사전 인쇄를 읽으려는 노력조차 하지 않았다. 그러자 사전 인쇄 서버에는 미숙하고 입증되지 않은 과학이 난무하기 시작했다. 속도를 평계로 까다로운 연구 기준이 희생된 것이다.

과학이 과장될 때

뉴스는 평범하지 않은 사실을 다룬다. 과학은 극적인 요소가 많을수록 뉴스거리가 되기 쉽다. 과학자는 연구 활동을 뒷받침해 줄 연구비가 필요하고, 대학은 후원자의 기부에 의존하고, 작은 벤처 기업은 투자자를 필요로 하고, 언론은 새로운 독자를 끌어들여야 한다. 그 같은 이유로 이들 집단에게는 과학을 과장하는 것이 이롭다. 그런데 안타깝게도 이런 일이 지나치게 자주 벌어지고 있다.

2014년 영국 카디프대학교의 인지신경과학 교수인 크리스토퍼 챔버스와 동료 학자들은 언론에서 관찰된 오보가 대학에서 비롯된 것인지를 알아보는 연구에 들어갔다. '대학에서 낸 보

과학자는 실험에서 인간 대신에 흔히 개구리, 초파리, 회충, 제브라피시, 쥐, 생쥐, 몇몇 식물과 같은 모델 생물을 이용한다. 모델 생물은 과학 발전 또는 인간의 질병 연구를 위한 실험에 사용되는 생물이다. 모델 생물은 인간보다 실험 반응이 빠르고, 비용이 적게 들고, 연구하기가 쉽다. 하지만 어떤 생물종을 통해 다른 생물종을 추론하는 일은 위험할 수 있다. 어찌 됐든 생쥐는 인간이 아니기 때문이다.

도 자료가 과연 대학의 위상을 높이려는 과장된 주장이었을까?' 이 문제에 대한 답을 얻기 위해 챔버스의 연구 팀은 2011년 영국의 상위 20개 대학교에서 낸 건강과 관련된 보도 자료를 검토하고, 이 분야의 동료 심사 논문을 읽은 다음 그에 대해 쓴 뉴스와 비교해 보았다. 연구 팀은 보도 자료나 논문에 누가 살을 붙여 보기 좋게 만들었는지 밝혀내려고 했다. 동료 심사 논문, 대학 보도 자료, 뉴스 보도 가운데 어디에서 과장이 시작되었을까? 462편의 논문과 그와 관련된 대학 보도 자료, 668건의 뉴스 보도를 읽고 분석한 뒤에 챔버스의 연구 팀은 과장된 주장이 대개 대학의 보도 자료에서 비롯되고, 뉴스 보도가 과장된 내용을 그대로 실어 날랐다는 것을 밝혀냈다.

흔히 볼 수 있는 과장 사례는 쥐와 같은 모델 생물을 대상으로 한 연구 결과가 인간을 대상으로 해서 얻은 것처럼 포장되는 경우다. 다음으로는 상관관계를 인과관계로 착각하게 하는 해묵은 꾐을 들 수 있다. 예를 들어 레드와인의 소비와 수명 사이에 상관관계를 찾을 수는 있겠지만, 그렇다고 해서 레드와인을 마신 사람의 수명이 보통 사람의 수명보다 반드시 길다는 의미는 아니다. 레드와인을 마시는 사람이 더욱 건강하고 건강 관리도 잘할 수는 있을 것이다.

주요 언론 매체조차 이런 과장에 취약하다는 사실이 드러났다. 미국 시사 주간지 〈타임〉은 인체 세포의 미토콘드리아가 제 기능을 못 하는 원인을 연구할 때 어떤 황화합물(썩은 달걀 냄새가 나는 황)이 도움이 된다는 점을 간단히 언급한 동료 심사 논문을 토대로 "방귀 냄새를 맡으면 암을 예방할 수 있다."는 머리기사를 내보냈다가 정정한 적이 있다.

대학과 언론 매체는 연구를 통해 얻은 결과물을 과장할 수도 있지만, 그런 상황에 놓인 과학은 합법적이다. 그러나 합법적인 과학으로 보이는 것이 실제로는 가짜인 경우도 있다. 과학이 사실로 받아들이기에 너무 좋게 들리고 황당무계하게 들린다거

RULE 4

연구가 실제로 인간을 대상으로 한 것인지 확인해 본다. 쥐에게 효과가 있는 약이 인간에게도 효과가 있는 것은 아니기 때문이다.

RULE 5

상관관계가 인과관계를 뜻하지는 않는다. 두 변수 사이의 연관성이나 상호 관계를 찾았다고 해서 둘 중 하나가 다른 하나의 원인이어야 하는 것은 아니다. 거기에는 그 밖의 변수도 작용할 수 있기 때문이다.

나 논쟁을 일으킬 명분을 준다면 연구의 출처를 찾아볼 필요가 있다. 동료 심사를 거치는 학술지에 실렸는지, 원래 논문이 주장하는 것이 무엇인지 살펴보자.

이 책은 여러분이 가짜 과학을 인식하고, 그것이 어디에서 오는지를 이해하는 데 도움을 주고자 한다. 물론 가짜 과학을 알아내는 데 필요한 도구도 제공할 것이다.

허술한 연구 결과에 눈감는 과학 산업

세계 시장에서 성공을 거두려면 먼저 국가 경제가 성장해야 한다. 과학을 기반으로 한 신기술 창조는 국가 경제력을 키우는 방식으로 나날이 인기를 얻고 있다. 과학자는 연구소에서 나온 연구 성과를 시장과 연결하는 일에 열의를 보이기도 한다. 많은 과학자가 산학 연구소나 정부 기관에서 연구 활동을 하지만, 벤처 기업으로 불리는 소규모 기업의 민간 부문에서 유망한 신기술을 연구하고 개발하기도 한다. 크게 성공을 거둔 벤처 기업은 대기업에 인수되고, 과학자는 대기업의 연구 부서에서 연구 활동을 이어 나가기도 한다. 하지만 무엇보다 성장과 이윤에 대한 필요야말로 과학자가 빠른 속도로 연구 결과와 기술을 만들어 내는 동력으로 작용한다. 그러다 보니 귀퉁이가 잘려 나가거나 과장되거나 날조된 결과를 내놓을 수 있다.

학계와 공적 기금을 받는 정부 기관도 크게 다르지 않다. 학자들 사이에서는 "논문을 발표하지 않으면 사라지고 만다(publish or perish)."라는 유명한 말이 돈다. 대학의 연구 시스템은 영향력이 큰 학술지에 연구 결과를 발표하는 구조다. 새로운 연구 결과를 최초로 발표하거나 〈셀〉, 〈네이처〉, 〈사이언스〉에 논문이 채택될 때 얻는 보상은 큰 데 비해, 잘못되거나 실현 불가능한 결과를 발표한 것에 대한 처벌은 미약하기 짝이 없다. 그러다 보니 몇몇 과학자는 준비가 제대로 안 된 허술한 연구 결과를 제출하기도 한다. 이런 논문 중에는 동료 심사를 받는 품질 관리 시스템을 통과한 것도 있다.

많은 이들이 과학을 지식을 추구하는 학문으로 생각하지만, 어떤 논문이 발표되고 어떤 과학자가 채용되어 지원받는지를 결정하는 데는 경제적·사회적 힘이 작용할 수 있다. 여러분이 읽고 있는 과학 논문을 저자가 어떤 의도로 발표했는지 비판적으로 따져 보자. 저자가 투자자를 끌어들이거나 제품을 팔려고 하는지, 아니면 독자에게 새로운 정보를 알려 주려고 노력하는지 말이다.

2장

무엇이 가짜 과학일까?

가짜 과학을 알아내려면 먼저 진짜 과학이 어떤 것인지 알아야 한다. 그런 다음에는 누군가 거짓으로 꾸며 낸 과학 정보를 퍼뜨리는 이유를 알아야 한다.

가짜 과학을 이용해 제품을 팔려는 사람도 있고 그런 기업도 있다. 또 누군가는 공공 정책까지 뒤흔들면서 사이비 과학을 이용해 백신 거부처럼 과학 진보를 거스르는 비합리적 신념을 주장하거나, 동종 요법*처럼 비과학적인 의료 행위를 옹호하고 싶어 한다. 결국 누군가는 극적으로 과장된 가짜 과학과 머리기사를 이용해 우리가 웹사이트를 클릭하게 만들고, 그렇게 얻은 조

---

*질병의 증상과 비슷한 증상을 일으켜 질병을 치료하는 방법.

회 수 덕분에 돈을 벌어들인다.

　가짜 과학은 가짜 뉴스, 즉 잘못된 정보나 오해할 만한 정보의 하위 범주에 속한다. 사실 사람들이 뉴스를 퍼뜨리는 동안 가짜 뉴스는 늘 우리 곁에 있었지만, SNS는 거기에 날개를 달아 주었다. 인터넷은 뉴스와 과학이 전달되는 방식을 바꿔 놓았다. 1994년에는 웹사이트가 3000개도 채 되지 않았지만, 2014년에 이르러 10억 개에 가까울 정도로 늘었다. 현재 우리는 그 어느 때보다 더 많은 뉴스와 정보를 신속하게 접할 수 있다. 페이스북과 트위터는 유례를 찾아보기 힘들 만큼 엄청난 팔로잉(각각 27억 명과 3억 3000만 명의 사용자)을 자랑하며 텔레비전 채널이나 신문보다 훨씬 빠르게 정보를 전달한다.

　인터넷 덕분에 큰돈을 들이지 않고도 손쉽게 자신만의 웹사이트를 개설할 수 있게 되면서 기존의 뉴스 출처를 대신할 저렴한 대안이 많아졌다. 많은 인터넷 뉴스 매체는 정보의 정확성과 신뢰성을 확보해 주는 편집 과정이 없다. 또 일부 뉴스 매체는 허위 정보를 일부러 퍼뜨리기도 한다. 한마디로 가짜 언론인 셈이다. 가짜 뉴스 매체는 허위 정보를 퍼뜨려 정책과 논쟁에 영향을 주고, 제품과 아이디어를 판매하고, 독자를 속여 링크를 클릭하게 만든다. 그렇게 인터넷 통신량이 최대치에 이르면 가짜 뉴스 매체의 수익이 늘어나게 된다.

　더 많은 기존의 뉴스 사이트와 텔레비전 채널 역시 가짜 뉴스 문제에 한몫한다. 미국의 CNN과 폭스 뉴스는 각각 진보 진영과 보수 진영에서 최고의 인기를 누리는 뉴스 매체다. 양쪽 언론사 모두 엄청난 예산과 시청자를 보유한 뉴스 매체인데도 잘못된 보도의 비율이 높은 편이다. 인터넷 게시 글의 사실 여부를 확인하는 독립적인 웹사이트 폴리티팩트^{PolitiFact}는 CNN의 주장 가운데 20%가 거의 또는 완전히 거짓이며, 폭스 뉴스의 정보는 절반이상이 사실과 다르다는 것을 밝혀냈다. 과학적 사실을 잘못 전달해 논쟁을 일으키고 조회 수를 높여 수익을 만들어 내는 것도 흔히 볼 수 있는 뉴스 매체의 수법이다.

트롤^{troll}*과 봇^{bot} 역시 문제를 악화시킨다. 트롤은 소셜 미디어를 이용해 잘못된 사실을 뉴스에 덧붙여 혼선을 불러일으키고,

---

RULE 6

기상천외하게 들리는 주장은 경계해야 한다. 숨이 멎을 정도로 놀라워서 "믿을 수 없어."라는 말이 입에서 흘러나온다면 동료 심사 논문 같은 믿을 만한 증거를 찾기 전까지 그 주장을 믿어서는 안 된다. 뉴스나 소셜 미디어에 올라온 게시 글이 거센 감정, 그중에서도 특히 분노를 일으킨다면 더욱 주의해야 한다. 감정에 호소해 비판적인 사고 능력을 의도적으로 차단할 가능성이 크기 때문이다.

---

*인터넷 토론방에서 남의 화를 부추기려는 목적으로 보낸 메시지나 그런 메시지를 보내는 사람.

40

대체로 믿을 만한 영국 언론 매체인 BBC를 '가짜 뉴스'라고 주장하는 시위자가 피켓을 들고 서 있다. 가짜 뉴스는 2016년 미국 대통령 선거 기간 동안 공청회의 중심적인 논제였다. 대통령 후보인 도널드 트럼프는 언론 매체가 진보 성향을 띨수록 가짜 뉴스를 더 많이 내보낸다는 주장을 펼쳤고, 그 결과 수백만 명의 유권자가 자신의 편견을 강화하는 언론 매체와 소셜 미디어로 돌아섰다.

논쟁을 일으키는 선동적 발언을 하고, 어떻게든 논쟁을 양극화하려고 한다. 일부 트롤은 '봇'이라 불리는 자동화된 컴퓨터 프로그램을 만들어 소셜 미디어 네트워크를 통해 허위 정보를 퍼뜨리고 내분을 일으킨다. 페이스북은 사용자 중 6000만 명이 봇이라고 추산한다.

이렇게 트롤과 봇이 성행하는 것은 미국의 경우 미국인의 47% 이상이 소셜 미디어에서 뉴스를 접하기 때문이다. 2016년 미국의 대통령 선거에서는 모든 트윗의 20%가량을 봇이 만들어 냈으며, 2018년 〈미국 공중 보건 저널American Journal of Public Health〉

에 실린 논문은 러시아의 트롤과 복잡한 봇 계정이 백신 관련 메시지를 엄청나게 쏟아 냈다고 밝혔다. 백신에 찬성하는 트윗이나 반대하는 트윗이 수적으로 차이가 없었기에 백신 논쟁에 영향력을 행사하는 것이 트윗의 목적은 아니었다. 그 대신 백신 접종을 인종과 사회의 불균형과 연결하며 사람들 사이의 분열을 불러일으키는 트윗을 통해 미국 사회의 양극화를 조장했다.

2018년 3월, 매사추세츠공과대학교의 시난 아랄 교수를 비롯한 연구진은 〈사이언스〉에 '온라인에 퍼지는 진짜 뉴스와 가짜 뉴스'라는 논문을 발표했다. 연구진은 약 300만 명이 트윗하거나 리트윗한 12만 6000개의 진짜 뉴스와 가짜 뉴스의 확산 경로를 검토했다. 뉴스의 정확성은 폴리티팩트, 스노프스Snopes, 팩트체크FactCheck.org를 비롯한 여섯 곳의 독립적인 사실 검증 기관에 맡겼다. 연구 결과는, 대면으로든 소셜 미디어에서든 사람들이 진짜 뉴스보다는 가짜 뉴스를 반복한다는 것을 보여 준다.

일반적인 신경 질환에 관한 정보를 살펴본다고 가정해 보자. 평판이 좋아 보이는 15개 정도의 사이트가 눈에 띌 것이다. 이들 사이트에는 거의 똑같은 정보가 올라와 있다. 다만 예외적으로 어느 사이트에서는 다른 사이트에서 찾아볼 수 없는 새로운 가십거리를 다루고 있다. 앞의 연구 결과에서 나타난 것처럼, 이것은 여러분이 친구들에게 리트윗하거나 전달할 가능성이 큰 정보다. 가짜 뉴스는 더욱 기발하며 진짜 뉴스보다 감정에 호소할 때

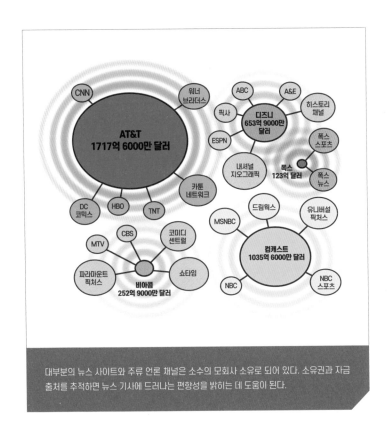

대부분의 뉴스 사이트와 주류 언론 채널은 소수의 모회사 소유로 되어 있다. 소유권과 자금 출처를 추적하면 뉴스 기사에 드러나는 편향성을 밝히는 데 도움이 된다.

가 많다. 가장 믿을 만하고 한결같은 트위터 사용자조차 가끔 가짜 뉴스에 넘어가 리트윗을 날리는 때가 있다. 이런 트윗은 이전 60일 동안 보낸 모든 트윗 가운데 두드러진다. 리트윗하는 수많은 사람들은 사실의 정확도보다 인기도에 관심이 더 많다. 인터넷에 올라온 엄청난 양의 정보는 무엇이 진짜이고 가짜인지를 판단하는 데 어려움을 더한다.

바이러스만큼 위험한 가짜 뉴스

2019년에 호흡기 질환을 일으키는 바이러스인 신종 코로나바이러스가 처음 출현했을 때만 해도 이 바이러스는 과학계에 알려진 바가 없었다. 생명에 위협적인 이 바이러스에 대해 언론 매체의 뉴스는 몇 개월에 걸쳐 수많은 연구 결과를 보도했다. 질병과 그 확산을 두고 여론이 형성되어 갈 때까지도 과학자들은 대유행의 여러 측면에 대한 합의에 이르지 못했다. 질병 확산의 특성을 이해하려면 시간이 더 필요했다. 질병이 거침없이 대유행하는 기세 속에서 대립각을 세운 수많은 이론과 모델이 등장했다. 이런 식으로 질병에 대한 과학적 합의가 이루어지지 않은 상태가 이어지자 음모론과 가짜 건강 정보가 활개를 쳤다.

2020년 2월 중순에 열린 독일 뮌헨 안보 회의에서 세계보건기구WHO 사무총장 테워드로스 아드하놈 거브러여수스는 이렇게 말했다. "우리는 단지 감염병과 싸우는 것이 아닙니다. 우리는 인포데믹infodemic*과도 맞서 싸우고 있습니다. 가짜 뉴스는 바이러스보다 더 빠르고 쉽게 퍼져 나가기에 그만큼 위험합니다. 지금은 두려움이 아니라 사실이 필요한 시기입니다. 지금은 소문이 아니라 합리성이 필요한 시기입니다. 지금은 낙인찍기가 아니라 결속이 필요한 시기입니다."

---

*잘못된 정보가 온라인을 통해 빠르게 퍼지는 현상을 뜻하는 신조어. 정보(information)와 유행병(epidemic)의 합성어.

만리오 데 도메니코는 이탈리아 트렌토에 있는 브루노 케슬러 재단의 정보통신기술센터에 속한 복합다중네트워크연구소 소장이다. 도메니코와 그의 동료들은 머신 러닝*을 이용해 64개 언어로 된, 코로나19 관련 트윗을 1억 1200만 건 이상 분석했다. 바이러스가 지역 사회에 퍼지기도 전에 신뢰도가 낮은 형편없는 정보가 일부 국가에 물밀듯 밀려들어 불합리한 사회적 행동이 일어나고, 공중 건강이 심각하게 위협받는 상황이 벌어졌다. 대다수 국가에서 바이러스와 관련된 오보가 기하급수적으로 늘어나다가 대유행이 진행됨에 따라 오히려 줄어들었다.

미국 카네기멜론대학교 컴퓨터공학과 캐슬린 칼리 교수가 진행한 비슷한 연구에서도 코로나19 대유행 초반 다섯 달 동안 올라온 코로나바이러스와 관련된 2억 개의 트윗 가운데 45%가 사람보다는 봇처럼 행동하는 계정이 올린 것이라는 사실이 밝혀졌다. 또 연구진은 트윗에서 적어도 100개가 넘는 헛소문도 찾아냈다.

봇이 퍼뜨린 오보 중에는 우스운 것도 있지만 위험한 것도 있었다. 사람들은 정치적 이익을 얻을 목적으로, 또는 외국인 혐오증 때문에 이런 정보를 퍼뜨렸을 수도 있다. 영국에서는 코로나19와 관련해 5G 통신망에도 책임이 있다는 소문이 페이스북과

---

* 인간의 학습 능력과 같은 기능을 컴퓨터에서 실현하고자 하는 기술과 기법. 컴퓨터가 스스로 방대한 데이터를 분석해서 미래를 예측할 수 있게 한다. 우리말로 옮기면 '기계 학습'이라고 할 수 있다.

RULE 7

맞춤법과 문법에 오류가 많은 정보는 의심해 봐야 한다. 정보 작성자가 맞춤법조차 신경 쓰지 않았다면 그런 정보는 사실 검증 과정을 거치지 않았을 가능성이 크다.

트위터에 널리 퍼지고 나서 5G 기지국이 불에 타기도 했다. 우크라이나의 작은 마을에서는 신종 코로나바이러스가 중국 우한에서 처음 발견된 뒤 그곳을 빠져나온 우크라이나인을 태운 버스가 도착하자 폭력 사태가 벌어졌다. 어떤 이들은 좋은 의도로 시작했지만 잘못된 건강 정보를 퍼뜨리기도 했다. 바이러스로부터 보호해 준다는 그릇된 소셜 미디어 정보를 믿고 메탄올을 마신 이란인 수백 명이 목숨을 잃기도 했다.

가짜 과학의 기원

1761년, 영국의 의사이자 식물학자인 존 힐은 '지나친 코담배 흡연에 대한 경고'라는 논문을 발표했다. 그는 코담배가 구순암, 구강암, 인후암과 관련이 있다고 주장했다. 논문에서 밝힌 그의 생각은 옳았지만, 일반 대중과 정부가 그런 연구 결과를 받아들이기까지는 수백 년이 걸렸다.

낚시 글이란?

옥스퍼드 영어 사전은 낚시 글을 뜻하는 클릭베이트(clickbait)를 "인터넷 사용자의 관심을 끌어 특정한 웹페이지의 링크를 클릭하게 하려고 인터넷에 올려 둔 자료"라고 정의한다. 가끔 웹페이지에 '독점', '단독', '경악', '충격 사실 대공개'와 같은 제목이 달린, 흥미진진하면서도 이렇게 공개해도 괜찮을까 싶은 이미지가 올라온다. 여기에 말려들면 자기도 모르게 수많은 웹페이지와 광고를 클릭하다가 결국 이야기가 그다지 신통치 않다는 사실을 깨닫게 된다. 클릭베이트의 진짜 목적은 여러분을 꾀어 광고를 클릭하게 만드는 것이다. 클릭베이트는 광고를 지켜보게 만드는 텔레비전 '뉴스 속보'의 제목처럼 설득력 있는 정보에 대한 기대감을 심어 주어 웹사이트를 클릭하게 만드는 미끼 상술일 뿐이다. 최근에 등장한 셰어베이트(sharebait)는 사람들이 기사 제목을 공유하고 다시 게시하게 만든다. 기사 제목은 본문 내용을 읽지 않고도 공유할 수 있도록 작성해 놓았다.

클릭베이트를 따라가다가 만나게 되는 어떤 정보든 조심할 필요가 있다. 재미있고 충격적일 수 있겠지만 검증된 정보는 아닐 것이다.

클릭베이트는 때로 진짜 뉴스처럼 보일 때도 있지만 대개는 오해할 만하고 선정적인 제목으로 기사를 클릭하게 만든다. 클릭베이트를 걸어 두는 웹사이트는 인터넷 사용자의 클릭으로 돈을 번다. 인터넷에서 기사를 클릭할 때는 기사를 올린 언론 매체가 기사의 정확성을 확인하는 편집자를 둔 믿을 만한 곳인지 따져 보아야 한다.

힐이 담배와 암의 연관성을 밝히고 나서 14년이 지나 런던 세인트바르톨로뮤병원의 외과 의사인 퍼시벌 포트는 굴뚝 청소부가 음낭암에 걸릴 확률이 매우 높다는 점에 주목했다. 그는 음낭암의 원인을 그을음에 노출된 환경에서 찾았다. 힐과 포트는 암을 일으키는 물질을 처음으로 규명한 선구자다.

포트가 살던 시절에는 다섯 살밖에 안 된 아이들이 굴뚝 청소부의 수습생으로 들어갔다. 포트는 영국 의회가 굴뚝 청소부법을 통과시킨 1788년 세상을 떠났다. 이 법은 굴뚝 청소부가 여덟 살 미만의 수습생을 두지 못하게 했다. 굴뚝 청소부법이 통과된 데는 굴뚝 청소부가 하는 일의 위험성을 일깨워 준 그의 노력이 어느 정도 영향을 주었을 것이다. 굴뚝 청소부가 그을음의 위험을 깨닫고, 특히 음낭 부위에 그을음이 묻지 않게 하는 방법을 찾은 것은 포트의 논문이 발표되고 나서 수십 년이 지나서였다. 이런 사실을 알게 되자 굴뚝 청소부의 음낭암 발병률은 떨어졌다.

하지만 안타깝게도 힐의 연구에서는 포트의 사례와 같은 일이 벌어지지 않았다. 흡연과 암의 연관성을 증명하고 나서 몇 세기가 지났는데도 공중 위생 전문가들은 흡연을 줄여 폐암을 예방하려는 노력을 여전히 펼치고 있다. 왜 그럴까?

"의심이 우리의 상품이다." 1969년에 어느 담배 회사 간부가 회사 내부 메모에 적어 둔 글귀다. 니코틴과 폐암의 연관성을 보여 주는 과학적 연구를 무력화하기 위해 담배 산업은 과학적 증

이 오래된 담배 광고에는 담배가 건강에 해로울 수 있다는 경고 문안이 빠져 있다. 담배 회사는 로비 활동을 통해 1761년에 암과 흡연의 상관관계를 밝힌 힐의 연구를 철저히 부인했기 때문에 미국 정부는 200년이 지난 1964년이 되어서야 그의 연구를 인정했다.

거와 과학이 이루어지는 방식에 조직적으로 맞서 왔다. 흡연이 암을 일으킨다는 과학적 사실을 왜곡하기 위해 노련한 홍보 기법을 사용해서 소비자로 하여금 과연 담배가 그렇게 해로울까 하는 의구심을 불러일으켰다. 광고 대행사와 로비스트들로 이루어진 팀과 함께 담배 회사는 모든 과학, 그중에서도 특히 담배를 둘러싼 연구가 100% 확실한 것은 아니라는 점, 언론은 양쪽의 견해에 대해 언제나 '균형 잡힌' 관점을 제시해야 한다는 점, 아무것도 하지 않는 것이야말로 불확실한 상황에서 가장 현명한 처신이라는 점을 일부 정치인과 언론인이 받아들이도록 설득했다.

21세기에는 많은 사람들이 흡연과 폐암 사이에 연관성이 있다고 믿지만, 과학의 대외 이미지는 이미 손상을 입은 상태이고, 상당수의 일반 대중은 과학에 회의를 품게 되었다. 공정하고 객관적인 태도를 가지려고 애쓰는 언론인은 과학이 증거를 들어 어떤 문제의 한쪽을 다른 쪽보다 분명하게 지지할 때조차 양쪽의 입장을 공정하게 보여 주어야 한다는 의무감으로 다양한 의견을 제시한다. 담배 회사의 로비 전술은 백신 반대 단체나 기후 변화를 부정하는 사람들처럼 과학적 증거를 두고 논쟁을 벌이려는 다른 집단에서도 이용된다. 담배 회사는 흡연의 '건강한' 대안으로 전자 담배를 내놓으며 계속해서 이런 전략을 이용한다.

미국의 과학 저술가이자 역사가인 마이클 셔머는 '통섭과 합의'라는 제목이 붙은 기사에서 과학 이론이 손쉽게 이런 전략의

표적이 되는 이유를 설명한다. 모든 과학 이론은 소수의 과학자가 제안하고 믿는 생각에서 출발한다. 어떤 이론이 타당하고 확고하다면 다양한 연구 과정에서 수집된 증거가 하나같이 똑같은 결론에 이를 테고, 결국 대다수 과학자가 이를 과학적 사실로 받아들일 것이다. 과학자는 담배와 암의 연관성, 기후 변화, 백신 접종의 효과에 대해 오랜 시간을 거치며 합의에 이르렀다.

하지만 담배 회사나 화석 연료 회사처럼 기득권을 가진 기업과 과학에 부정적인 태도를 보이는 사람들은 아직 합의가 이루어지지 않았다고 주장하면서 여러 부문의 과학을 공격해 왔다. 합의를 훼손함으로써 과학 이론을 반증할 필요도 없다. 다만 그들에게 필요한 것은 조작하기 쉽고, 논란거리가 될 만하고, 이해하기 어려운 실험을 찾아내서 걸고넘어지는 일뿐이다. 설령 수많은 실험이 이론을 강력히 뒷받침한다고 해도 과학에 부정적 태도

RULE 8

정치적 논쟁에는 대립하는 양쪽 진영이 필요하지만, 과학적 합의는 그렇지 않다. 언론 매체가 과학적 합의와 거기에 동의하지 않는 비주류 과학에 똑같은 방송 시간을 주는 '거짓 균형'은 주의해야 한다. 과학적 합의를 훼손하고 과학에 대한 불신을 심어 이득을 얻는 기업의 후원을 받는 사람들이 위험천만한 견해를 내놓는 것도 경계해야 한다.

를 보이는 사람은 불안하고 불확실한 연구와 확고한 연구를 같은 비중으로 보도하는 언론을 믿는다. 언론은 이미 합의에 이른 과학 연구에서 가장 약해 보이는 고리에 초점을 맞추어 보도함으로써 일반 대중이 의구심을 품게 만든다.

기후 변화를 부정하는 사람들이 어떤 식으로 행동하는지는 퍼즐을 예로 들어 설명할 수 있다. 기후 변화 연구를 1만 개의 조각 가운데 9998개의 조각이 정확히 제자리를 찾은 거대한 퍼즐 맞추기에 비유해 보자. 기후 연구가들은 텔레비전 프로그램에 나와 5분 동안 기후와 관련된 모든 연구 결과(9998개의 퍼즐 조각)를 읽었고, 수십 년에 걸쳐 기후 문제를 연구했으며, 퍼즐 조각이 완전히 들어맞는 것을 확인했다고 말한다. 이어지는 5분 동안은 기후 변화를 부정하는 사람들이 나와 퍼즐 두 조각이 어떻게 사라졌고, 이들 조각이 전체 그림에서 얼마나 중요한지 매우 상세히 설명한다.

기후 변화는 워낙 복잡한 사안이므로 이 프로그램을 보는 일반 시청자들은 모든 연구 결과를 읽어 볼 수도 없고 전문가처럼 전체적인 그림을 볼 수도 없다. 따라서 이미 합의에 이른 과학 마저도 의구심을 갖고 바라보게 된다. 언론 매체가 확고한 과학적 합의와 입증되지 않은 비주류의 견해에 똑같은 방송 시간을 할애할 때 이를 '거짓 균형'이라고 한다.

공중 보건 활동과 흡연의 폐해를 줄이려는 보건 당국의 통제에 흠집을 내기 위해 의구심을 품게 만드는 이 같은 전략은 결국 과학 전반에 생채기를 내고 말았다. 이런 전략은 과학과 과학적 절차에 대한 대중의 신뢰에도 좋지 않은 영향을 준다.

구별하기 어려운 진짜 과학과 가짜 과학

과학 지식의 복잡성과 방대함은 담배 회사나 기후 변화를 부정하는 사람들이 과학의 토대를 뒤흔드는 빌미가 된다. 오늘날 과학 지식은 놀라운 속도로 증가하고 있다. 우리를 둘러싼 세상의 작용 방식에 대해 더 많은 사실이 밝혀진다는 면에서 좋은 일이다. 과학자는 사람의 수명을 연장하고, 에너지의 효율성을 높이고, 좀 더 편안한 삶을 누리는 길을 모색해 왔다. 하지만 개인이 모든 과학을 이해할 수 있는 시점은 이미 오래전에 지났다.

과학 지식의 양이 늘어나는 것과 함께 지식의 증가 속도도 빨라지고 있다. 과학적 통찰력과 기술은 기하급수적으로 성장하는 데 비해 정부, 교육, 경제 같은 사회 구조는 예측 가능한 선형 성장을 하도록 설계되어 있다. 이런 불균형은 문제를 일으킬 수 있다. 과학은 과거와 달리 전혀 이질적인 분야의 학문과 관련된 연구가 활발히 이루어진 덕분에 더욱 복잡해졌다. 그 결과 학생, 국회 의원, 종교 지도자, 유권자의 과학적 지식과 전체적으로 이용할 수 있는 과학 지식 사이에 격차가 갈수록 커지고 말았다. 이

선형 성장 대 기하급수적 성장

수많은 자연 현상이 선형 성장률을 보인다. 나무는 전 생애에 걸쳐 거의 같은 비율로 성장한다. 다시 말해, 시간이 갈수록 더 빨리 자라지는 않는다. 겨울보다 여름에 더 빨리 자랄 수는 있지만 평균적으로 볼 때 같은 속도로 자란다. 독립적인 측정이 가능할 때 우리는 선형 성장을 발견하게 된다. 그러니까 한 나무에서 벌어지는 상황이 다른 나무에 아무런 영향을 주지 않는 것이다.

기하급수적 성장은 시간이 갈수록 성장률이 빨라질 때 일어난다. 감염병 발생은 기하급수적 성장률을 보이는 자연 현상 가운데 하나다. 처음에는 소수의 환자가 소수의 사람에게 질병을 옮기지만, 시간이 흐르면서 환자의 수가 급격히 증가한다. 감염된 사람이 많아질수록 감염병은 더 많은 사람에게 퍼진다. 감염된 사람 모두 다수의 사람에게 병을 옮길 수 있기 때문이다.

학자들은 관찰을 통해 선형 성장보다 기하급수적 성장이 빈번하게 일어나지 않는다는 사실을 알아냈다. 급격한 기하급수적 성장은 상한선에 빨리 도달해 성장이 멈추기 때문이다. 감염병 확산 사례에서 상한선은 총인구가 된다. 결국 감염병이 상한선에 이르면 더 이상 감염될 사람이 남아 있지 않게 되는 것이다.

직관에도 어긋나고 흔치 않다는 이유로 기하급수적 성장은 과소평가되기도 한다. 그 때문에 학자들이 정신을 바짝 차리지 않으면 눈에 보이는 현상에 속아 넘어가 초기의 기하급수적 성장 모습을 선형 성장 모습으로 오해할 수도 있다. 이런 실수는 과학 보도에서 수많은 오류를 가져온다.

런 현상은 뜻밖에 가짜 과학의 성장을 돕기도 했다.

이제 우리는 과학의 복잡성 때문에 진짜 과학과 가짜 과학을 구별하기가 어렵다는 것을 알았다. 그렇다면 우리가 가짜 과학을 알아보기 힘들도록 뇌가 어떤 식으로 음모를 꾸미는지 살펴보자.

뇌가 꾸미는 음모, 인지 편향

인지 편향이란 사람이나 상황에 대한 판단을 비논리적인 결론으로 이끄는 사고방식을 말한다. 사람들은 여러 가지 이유로 사람이나 상황에 대해 비논리적이고 잘못된 결론을 내린다. 어떤 것을 다른 것보다 강력하게 선호하는 인지 편향이 이런 잘못된 결론을 이끌어 낸다.

심리학자들에 따르면 다음과 같은 인지 편향이 존재한다.

부정 편향

사람의 두뇌가 긍정적인 정보보다 부정적인 정보에 더욱 집중하는 사고방식이다. 인체가 시각 정보에 반응하는 데는 대개 몇 분의 1초도 걸리지 않는다. 하지만 눈앞에 위험이 닥친다면 이 정도로는 빠르다고 할 수 없을 것이다. 똬리를 틀고 언제든 달려들 기세를 갖춘 독사를 봤다고 해 보자. 독사는 여러분의 뇌가 눈에서 전달받은 이미지를 처리하는 것보다 더 빨리 움직여 여러분을 물 것이다. 그래서 우리 뇌에는 단축키가 내장되어 있다. 독사 같은 위험에 맞닥뜨리면 심장 박동이 빨라지면서 혈압이 오르고, 체내에는 특정 호르몬의 분비가 급증하고, 혈당 수치도 올라간다. 이 모든 일은 0.5초도 채 안 되는 시간에 벌어진다. 이런 반응은 위협이 되는 이미지가 우리 뇌에 완전히 전달되기도 전에 위험에 맞서 싸우거나 도망치는 데 필요한 에너지를 우리 몸에 제공해 준다. 우리 뇌는 위험에 반응을 보이도록 타고났다.

이처럼 뱀, 사자, 전갈을 비롯한 포식자를 피하는 능력은 한편으로는 우리가 가짜 과학을 쉽사리 받아들이는 약점으로 작용한다. 우리에게는 심리학자들이 '부정 편향'이라고 이름 붙인 속성이 있다. 다시 말해, 우리 뇌는 긍정적인 사건보다 부정적인 사건에 더욱 격렬하게 반응한다.

이런 편향은 진화에서 비롯된 것일 수도 있다. 두려움에 반응하고 부정적인 자극에 주의를 기울이는 성향은 인류의 조상이 살아남는 데 도움이 됐을 것이다. 반면에 두려움을 거의 느끼지 않은 이들은 살아남지 못했을 것이다.

연구 결과에 따르면, 인간은 충격적인 사건을 더 잘 기억하는 편이다. 우리는 성공보다 실패를 통해 더 많은 것을 배우며, 긍정적인 정보보다 부정적인 정보를 기준으로 무엇을 결정할 때가 많다. 또 부정적인 뉴스를 사실로 여길 가능성이 더 높다.

가용성 편향

자신이 경험한 것이나 자주 들어서 익숙하고 쉽게 떠올릴 수 있는 것들을 가지고 세계에 대한 이미지를 만드는 사고방식이다. 세상을 보는 관점은 과거의 경험 때문에 한쪽으로 치우쳐 있다. 우리는 기억과 경험, 이를 통해 얻을 수 있는 정보에 실제로 그것이 지닌 가치보다 더 큰 신뢰를 보인다. 이런 가용성 편향은 신속한 결정을 내려야 하고 많은 데이터를 비판적으로 분석할 필요가 없는 상황에서는 매우 유용하지만, 한편으로는 사실 검증 기술을 방해하기도 한다.

우리는 기억에 남아 있는 사건의 가능성에 대해서는 과대평가하면서도 그보다 그럴싸한(그러나 아마도 더 지루한) 설명은 철저히 따져 보고 나서야 기억을 떠올린다. 뉴스 보도에 선정성이 더해지고 과학 정보가 부족해지면 우리는 강렬하고 신기한 뉴스 기사만 접하게 된다. 집중을 위한 신경전에서 선정적 진술이 따분한 사실과 일상의 현실을 물리치고 승리를 거두는 것이다.

확증 편향

자신이 이미 믿고 있는 가치관, 신념, 판단 따위를 확신하게 하는 정보를 무의식적으로 좀 더 선호하고 그 밖의 정보는 무시하는 사고방식이다. 우리가 기존의 신념과 가치관을 뒷받침하는 정보를 선호하고 이해하고 기억해 내는 것도, 마음이 쉽게 바

꿰지 않는 것도 바로 이 때문이다. 틀리는 것은 전혀 즐거운 일이 아니며, 보편적으로 받아들여지는 신념과는 다른 신념을 지키기란 쉽지 않다. 과학에서조차 대세를 따르는 것이 자신만의 길을 개척하는 것보다 훨씬 쉽다. 이는 대체로 기존의 과학이 옳기 때문에 괜찮다. 하지만 확증 편향은 과신과 잘못된 판단으로 이어지기도 하고, 이미 확립된(그러나 잘못된) 생각을 번복하지 못하도록 가로막을 수도 있다. 확증 편향은 희망 사항일 뿐이고, 이 때문에 우리는 자칫 자기기만에 빠지기도 한다.

확증 편향은 사실 검증뿐만 아니라 과학에서도 나타난다. 과학자는 자기 생각을 뒷받침하는 자료를 보고하고 수집하면서도, 자신이 주장하는 이론에 맞지 않는 결과는 무시하거나 과소평가하는 실수를 저지를 수도 있다.

오랫동안 과학자와 철학자들은 태양이 지구 주위를 돈다고 믿었다. 1514년에 폴란드의 천문학자 니콜라우스 코페르니쿠스(1473~1543)는 지구가 태양 주위를 도는 행성이라고 주장했다. 1543년, 그는 죽기 직전에 자신의 이론을 세상에 발표했

RULE 9

부정 편향, 가용성 편향, 확증 편향 같은 인지 편향을 주의해야 한다.

다. 태양계에 관한 코페르니쿠스의 생각은 18세기에 천문학자이자 물리학자인 갈릴레오 갈릴레이, 천문학자인 요하네스 케플러 (1571~1630), 그리고 뉴턴의 연구가 추가되면서 비로소 전 세계적으로 인정을 받았다. 앞서 코페르니쿠스 시대의 과학자와 일반 대중은 그의 실험 자료를 인정하지 않았다. 그것은 이해하기 어렵거나 실험 증거를 수집하기 힘들어서라기보다 확증 편향을 극복하지 못했기 때문이다.

우리의 이성적인 사고는 가짜 과학을 항상 구별해 낼 만큼 비판적이지 못하다. 따라서 우리의 인지 편향과 약점을 이용해 가짜 뉴스를 퍼뜨리는 세력을 극복하기 위한 훈련이 필요하다. 우리는 가짜 과학의 신기로움에 속아 넘어가지 않고 제대로 알아보는 법을 배워야 한다. 다음 장에서는 정치적 이해관계와 의료 사기 때문에 잘못 알려진 가짜 과학을 찾아내는 방법을 살펴보겠다.

3장

이것은 정치가 아니라
과학이다

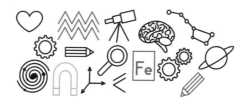

미국의 제116대 연방 의회(2019~2021) 의원 가운데 법조인이 192명인 데 비해 과학자는 2명, 공학자는 11명에 불과했다. 라디오 토크쇼 진행자가 7명, 농부가 27명, 프로 운동선수가 6명으로, 모두 과학자보다 많았다. 과학자가 의석수의 4%를 차지한 오스트레일리아와 캐나다에서도 과학자의 의회 진출은 낮은 수치를 보였다. 하원과 상원에서 압도적으로 우세한 법조인 덕분에 미국 의회는 토론하는 분위기가 자리 잡혔다. 논쟁에서 어떻게든 이기려고 하는 법조인은 사실을 선택적으로 이용한다. 그들은 반드시 진실을 찾을 필요도 없고, 전체적인 그림을 보여 주는 데에도 관심이 없다.

이와는 반대로 과학은 증거를 수집하고, 그런 증거를 비교 검토하고, 이론을 입증해야 한다. 일반적으로 과학자와 과학은 정치에 능숙하지 못하다. 화학자인 앙겔라 메르켈(전 독일 총리)과 마거릿 대처(전 영국 총리)는 분명 예외다. 과학자는 사실의 중요성을 믿고, 사실을 이용해 공론에서 이길 수 있다고 생각한다. 하지만 열정적인 견해가 과학적 사실을 이기는 경우가 많고, 그런 견해가 정치적 정체성과 연관되어 있는 경우에 특히 더하다는 연구도 있다.

아쉽게도 정치인은 논쟁과 투표에서 승리를 거두기 위해 과학적 사실을 대수롭지 않게 여기는 일이 많다. 그들은 사람들이 매우 강한 신념, 정체성, 편향성을 갖고 있다는 것을 알고, 그것을 자기에게 유리한 쪽으로 이용한다. 이는 최고의 과학자들의 합리적 분석을 무시할 정도로 강력할 수 있다. 예를 들면 과학적 사실, 교육, 배경지식, 역량까지 갖추고도 과학자와 일반 대중 모두 지구가 둥글며 태양 주위를 돈다는 사실을 인정하기까지는 오랜 시간이 걸렸다. 찰스 다윈(1809~1882)과 동시대를 살던 사람들에게는 그의 진화론을 이해할 수 있는 과학적 능력이 있었다. 하지만 뿌리 깊은 종교적 신념 때문에 진화론을 받아들일 수 없었다. 오늘날에도 여성과 남성이 과학자로서 똑같은 능력을 갖고 있다는 사실조차 여론에서는 필요 이상으로 논쟁거리가 되고 있다.

기후 변화, 백신 접종, GMO 식품의 안전성은 최근 가장 뜨

코로나19 대유행의 정치학

코로나19 대유행에 대한 반응은 정치적 정체성이 사람들의 신념에 어떤 식으로 영향을 미치는지 보여 주는 사례다. 2020년 5월 미국 민주당원의 82%는 코로나바이러스의 출현이 미국인의 건강에 중대한 위협이라고 믿었다. 그에 비해 공화당원은 43%만이 그렇게 느꼈다. 두 진영이 이렇게 차이를 보인 것은, 여론 조사 시기에 코로나19 대유행이 얼마나 안 좋은 상황에 이를지 정확히 예측할 만큼 코로나바이러스에 대한 과학계의 지식이 충분하지 못했기 때문이다. 또 다른 이유는, 사람들이 원래 어떤 문제에 대해 다양한 시각을 갖고 있다는 것이다. 즉, 누군가에게 '나쁨'이 다른 누군가에게는 '그다지 나쁘지 않음'이 될 수 있다.

보수 진영은 마스크 착용이나 사회적 거리 두기 같은 코로나19 예방 조치가 개인의 자유와 경제 활동을 제한한다며 매우 불편한 심기를 드러냈다. 반면에 진보 진영은 공중 보건에 도움이 된다면 대규모 경제 손실도 기꺼이 받아들이려고 했다. 대유행 초기에 과학자와 의료 전문가 사이에 합의가 이루어지지 않았기 때문에 정치인들은 과학적 데이터를 자신들의 주장에 맞췄다. 그 결과 미국에서는 민주당이 이끄는 주가 공화당이 이끄는 주보다 코로나19 규제를 완화하는 데 훨씬 더디면서도 신중한 접근 방식을 보였다.

마스크 착용과 사회적 거리 두기 규정을 장기적으로 시행하기란 어려울 수 있다. 이런 예방 조치가 집단 전체에는 이익인 듯하지만, 개개인에게는 어떤 이익도 없는 것 같은 느낌을 줄 수 있기 때문이다. 감염을 막기 위한 모든 행동이 효과가 있다면 그 결과는 병에 걸리지 않는 것이다. 하지만 그런 조치를 시행하기 전에도 병에 걸리지는 않았다는 게 예방 조치가 필요하다고 믿지 않는 사람들의 생각이다. 사회적 거리 두기의 성공은 사람들이 갖고 있던 신념에 따라 가끔 다르게 해석된다. 어떤 이들은 예방 조치가 효과가 있어 자기들이 병에 걸리지 않았다고 믿는 반면, 또 다른 이들은 예방 조치를 하든 안 하든 상관없이 병에 걸리지 않았다고 믿는다.

RULE 10

설득력이 강하고 지금까지 믿고 있는 모든 사실을 입증해 주는 정보를 읽거나 보게 되면 그런 정보가 정당이나 정체성과 관계없이 공평한지, 정치적 편향성이나 사회적 정체성을 이용하는 것은 아닌지 분명히 따져 봐야 한다.

겁게 달아오르는 공론의 주제다. 확증 편향, 엄청난 양의 가짜 뉴스, 정치적·문화적 정체성 때문에 대부분의 사람들이 이들 주제와 관련해 입증된 과학조차 믿지 못한다.

기후 변화

1824년, 프랑스의 수학자이자 물리학자인 조제프 푸리에(1768~1830)는 '온실 효과'라고 불리는 급진적인 이론을 세상에 발표했다. 그는 유리가 온실 내부의 열기를 유지하듯 대기 중의 가스가 지구의 열기를 자연스럽게 가둔다고 주장했다. 그 뒤로 진행된 연구는 그의 주장이 옳았음을 입증해 주었다. 대기 중에 적외선을 가둘 가스가 없다면 지구의 평균 기온은 영하 18℃가 된다. 그러면 물이란 물은 모두 얼어붙어 지구에는 생명체가 살아갈 수 없을 것이다. 온실 효과는 지구의 기온을 평균 15℃로 덥혀 다양한 생명체가 살아갈 수 있게 해 준다. 푸리에는 인간의 활동이 대기에 가둔 복사열의 양을 변화시켜 기후 변화를 일으킬 수 있다고 지적한 최초의 과학자로 꼽힌다.

푸리에가 온실 효과를 주장한 지 70여 년이 지나 스웨덴의 화학자인 스반테 아레니우스(1859~1927)는 '대기 중의 탄산[이산화탄소]이 지면 온도에 미치는 영향'이라는 논문을 발표했다. 이 논문에서 그는 대기 중의 이산화탄소가 지구의 열기를 어떻게 가두는지 설명했다. 게다가 시간이 지남에 따라 대기 중 이산화탄소의 증가로 나타날 기온 상승도 정확히 계산해 냈다. 이런 계산을 통해 그는 대기 중의 이산화탄소가 감소해 지구의 많은 부분이 두꺼운 얼음으로 뒤덮인 빙하기가 시작되었다는 결론을 내렸다. 이는 오늘날 학자들도 동의하는 내용이다. 대기 중에 있는 이산화탄소를 비롯한 온실가스가 인간의 활동 때문에 집중적으로 증가하는지가 오늘날 초미의 관심사다. 결과적으로 지구의 평균 기온은 15℃를 넘어 상승하고 있다.

미국항공우주국NASA은 세계 기온을 월별로 분석해 이런 기온 상승을 추적해 오고 있다. 학자들은 전 세계에 분포한 6300곳의 기상 관측소, 선박과 부표에 설치해 해수면 온도를 측정하는 기구, 남극 과학 기지를 포함한 여러 정보원을 통해 데이터를 수집한다. 지금까지 가장 무더운 해로 기록된 열일곱 해 가운데 열여섯 해가 2001년 이후로 나타났다(나머지 한 해는 1998년이다).

온실 효과의 주범

이산화탄소는 무색, 무취의 무독성 가스다. 이산화탄소는 눈에 보이지 않아 지나쳐 버리기 쉽다. 위대한 악역에게 필요한 이상적인 속성은 갖추지 못한 셈이다. 기후 변화의 영향을 줄이려는 정치인들은 이 같은 연소 부산물을 규제하는 데 지지를 얻어 내려고 노력해 왔다. 아마 냄새나고 매캐한 가스였다면 규제하기가 훨씬 쉬웠을지도 모른다.

메탄은 기후 변화를 일으키는 또 다른 온실가스다. 메탄은 같은 양의 이산화탄소보다 30배나 효과적으로 적외선을 흡수한다. 하지만 인간과 동물에 의해 생산된 메탄은 적은 양이어서 이산화탄소가 불러일으키는 지구 온난화의 6분의 1에서 3분의 1가량에 불과하다.

가장 강력한 온실가스 중 하나는 주로 농업 활동을 통해 배출되는 아산화질소다. 아산화질소는 사람이 흡입하면 기분이 좋아지고 웃음이 나오기 때문에 흔히 '웃음 가스'로 알려져 있다. 아산화질소는 이산화탄소의 300배 가까운 효율성으로 대기 중에 열기를 가둬 놓는다. 다행히 인간의 활동으로는 아산화질소가 이산화탄소나 메탄만큼 발생하지 않는다. 기후 변화를 일으키는 온실가스 배출량에서 아산화질소의 비율은 10%가 못 된다.

2016년과 2020년은 똑같이 세계 평균 기온 최고치를 기록했다. 기상 관측이 시작된 이래로 20세기의 평균 기온보다 0.9℃가 높은 기록이었다. 이처럼 높은 기온을 보인 것은 대체로 이산화탄소와 메탄가스가 증가했기 때문이다.

세계기상기구가 세계 기온 기록을 표준화하기 시작한 1880년 이후로 세계 평균 기온은 1℃가량 올랐다. 1975년 이후로 10년마다 0.15~0.2℃씩 오르면서 지구 온난화의 3분의 2가 진행된 것이다.

1988년 6월 23일, 당시 미국항공우주국의 고다드우주연구소 소장이던 제임스 한센은 미국 상원의 에너지 및 천연자원 위원회에서 다음과 같이 증언했다. "온실 효과와 관측된 온난화 사이의 인과관계를 확신할 수 있을 정도로 지구 온난화가 진행됐어요. (……) 온실 효과는 이미 탐지됐고, 이제는 기후 변화에까지 영향을 주는 것으로 보입니다." 그 뒤로 온실 효과는 더욱 뚜렷해졌을 뿐이다.

북극과 남극은 가장 큰 기온 상승을 겪고 있다. 온난화로 엄청난 양의 해빙이 녹았기 때문이다. 북극의 해빙은 10년마다 줄곧 9%씩 감소하고 있다. 장기 예보는 다음 세기에 걸쳐 1.4~5.6℃만큼 기온이 상승할 것으로 예측한다. 이는 미미한 기온 변화로 보일지도 모르지만, 1~2℃의 기온 하강은 700년 전 지구에 소빙하기를 몰고 왔다. 이처럼 전 세계적으로 나타나는 미

2013년 이상 기온

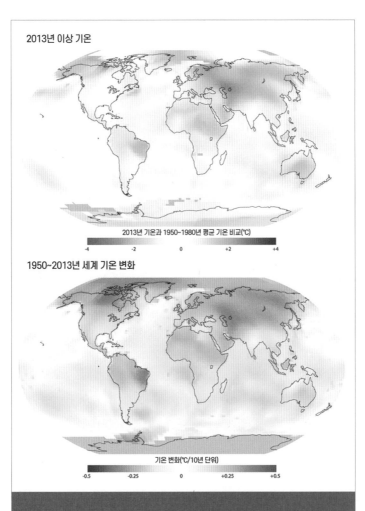

2013년 기온과 1950~1980년 평균 기온 비교(℃)

| -4 | -2 | 0 | +2 | +4 |

1950~2013년 세계 기온 변화

기온 변화(℃/10년 단위)

| -0.5 | -0.25 | 0 | +0.25 | +0.5 |

미국항공우주국에서 내놓은 지도를 살펴보면, 맨 위의 지도는 1950~1980년의 평균 기온과 비교한 2013년의 세계 기온을 보여 준다. 아래 지도는 1950년 이후로 세계 기온이 얼마나 높아졌는지를 분명히 보여 준다. 두 지도를 통해 세계 기온이 1950년 이후로 상승했음을 알 수 있다.

미한 변화는 국지적으로 엄청난 영향을 줄 수 있다. 기온이 오르면 빙하가 줄어들고, 강과 호수의 얼음이 계절보다 일찍 녹고, 동식물의 서식 분포대가 변하고, 나무의 개화 시기가 앞당겨진다. 해빙이 녹아내리면 전 세계적인 해수면 상승이 빠르게 진행된다. 폭염 일수가 늘어나고, 더위도 매우 심해질 것이다. 과학자들은 기후 변화가 극심한 기상 이변의 증가와 관련이 있다는 사실을 입증했다. 그런 기상 이변은 대개 기온 상승 때문에 나타난다.

미국해양대기청NOAA은 1980년 이후 미국에서 발생한 모든

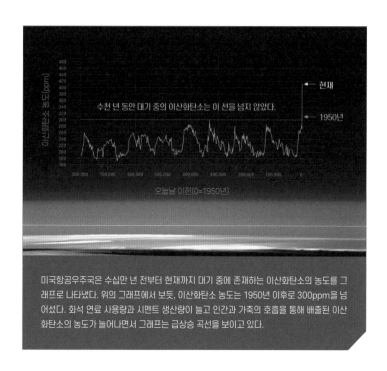

미국항공우주국은 수십만 년 전부터 현재까지 대기 중에 존재하는 이산화탄소의 농도를 그래프로 나타냈다. 위의 그래프에서 보듯, 이산화탄소 농도는 1950년 이후로 300ppm을 넘어섰다. 화석 연료 사용량과 시멘트 생산량이 늘고 인간과 가축의 호흡을 통해 배출된 이산화탄소의 농도가 늘어나면서 그래프는 급상승 곡선을 보이고 있다.

기상 관련 재해의 발생 횟수와 손실을 기록해 왔다. 1980년부터 2016년까지는 해마다 평균 5.5건이 발생한 것으로 나타났다. 기상 이변의 빈도와 강도가 증가함에 따라 이와 관련된 손실 역시 그만큼 늘어났다.

과학적 사실에 흠집 내는 정치적 논쟁

과학 지식이 많은 사람일수록 과학을 더 지지하리라는 것이 일반적인 생각이다. 수많은 연구가 이것이 사실임을 보여 준다. 2016년 이전에 이루어진 미국 여론 조사 기관 퓨리서치센터의 조사 결과는 이런 이론을 뒷받침한다. 하지만 2016년에 실시한 여론 조사를 보면 이 이론이 언제나 유효한 것만은 아님을 알 수 있다. 인간의 활동과 기후 변화의 연관성에 대해 공화당원에게 물었을 때 과학 지식이 별로 없는 19%, 중간 정도의 과학 지식을 가진 25%, 과학 지식 수준이 높은 23%의 공화당원이 둘 사이에 관계가 있다는 데 동의했다. 폭넓은 과학 배경지식을 갖춘 고학력의 공화당원은 과학 지식이 없는 공화당원만큼이나 기후 과학에 확신이 없는 것처럼 보였다.

하지만 평균 이상의 과학적 이해 수준을 지닌 민주당원은 과학적 문제에 대한 이해 수준이 낮은 민주당원에 비해 기후 변화가 인간의 활동과 관련이 있음을 인정하는 것 같다. 구체적으로 살펴보면, 과학적 이해 수준이 낮은 민주당원의 경우는 49%,

폭넓은 과학 배경지식을 갖춘 민주당원의 경우는 93%가 인간의 활동이 기후 변화와 관련이 있음을 인정했다. 또 이 여론 조사로 기후 변화에 관심이 많은 사람일수록 이산화탄소가 화석 연료의 연소 때문에 발생한다는 점을 잘 알고 있을 가능성이 크다는 것도 밝혀졌다.

2018년에 미국의 또 다른 여론 조사 기관 갤럽이 실시한 조사는 정당에 따라 차이를 보이는 퓨리서치센터의 조사 결과를 다시 한번 확인해 주었다. 민주당원의 91%가 기후 변화에 매우 걱정스러운 태도를 보인 데 비해 공화당원은 33%만이 그랬다. 과학적 신념은 정치적 당파와 관련이 있는 것처럼 보인다. 공화당원에게는 인간 활동과 연관된 기후 변화에 부정적 태도를 보이는 것이 당내에서 당원임을 입증하는 사회적 신호인 셈이다. 연구에 따르면, 인간은 대개 자신이 속한 집단의 정체성을 지키려 한다.

2014년에 실시한 퓨리서치센터의 여론 조사는 일반인의 무작위 표본에서 나온 의견을 미국과학진흥회(1848년 설립된 세계 최대 규모의 과학 분야 학술 단체)에 소속된 과학자 표본에서 나온 의견과 비교했다. '인간의 활동이 지구 온난화를 일으킨다'고 생각하는지 묻는 항목에서 과학자와 일반인 사이에 가장 큰 의견 차이가 나타났다. 기후 변화의 원인이 인간의 활동 때문이라는 의견에 과학자의 87%가 동의한 데 비해 일반인은 50%만이 동의해서 37%의 차이를 보였던 것이다. 기후과학자만을 고려한다면 격차는 더 벌어진다. 기후과학자의 97%가 지구 온난화의 원인을 인간에게서 찾는 것에 동의하기 때문이다.

인간의 활동이 기후 변화를 불러왔다는 믿음은 또한 변덕스러울 수 있다. 미국 뉴햄프셔대학교는 어느 정당에도 소속되지 않은 일반인을 대상으로 여론 조사를 했다. 그 결과 무더위가 심한 날에는 인간의 활동이 기후 변화를 일으켰다는 응답이 70%였으나, 추위가 심한 날에는 40%로 떨어졌다.

기후 회의론은 주로 영어권 국가에 국한된다. 영국 옥스퍼드

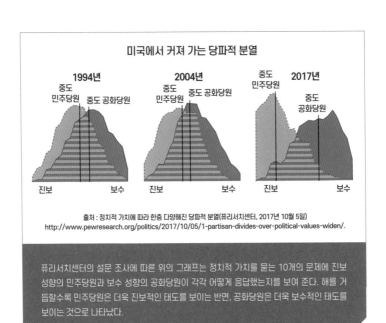

미국에서 커져 가는 당파적 분열

출처 : 정치적 가치에 따라 한층 다양해진 당파적 분열(퓨리서치센터, 2017년 10월 5일)
http://www.pewresearch.org/politics/2017/10/05/1-partisan-divides-over-political-values-widen/.

퓨리서치센터의 설문 조사에 따른 위의 그래프는 정치적 가치를 묻는 10개의 문제에 진보 성향의 민주당원과 보수 성향의 공화당원이 각각 어떻게 응답했는지를 보여 준다. 해를 거듭할수록 민주당원은 더욱 진보적인 태도를 보이는 반면, 공화당원은 더욱 보수적인 태도를 보이는 것으로 나타났다.

대학교 부설 로이터연구소의 연구원 제임스 페인터는 2000건 이상의 기사를 살펴본 결과, 기후 회의론의 색채를 띤 기사의 80% 이상이 미국과 영국에서 나왔다는 사실을 확인했다. 브라질, 중국, 인도, 프랑스와 비교하면 높은 수치다. 기후 변화를 부정하는 기사는 대부분 보수 성향의 신문과 방송국에서 나왔다. 대부분의 영어권 언론 매체는 주류 과학과 비주류 과학에 똑같은 방송 시간을 주는 '거짓 균형'의 오명을 쓰고 있다.

세계 최대의 이산화탄소 발생국인 중국에서는 언론과 정부가 발맞춰 움직인다. 중국 정부가 지구 온난화와 인간의 활동 사이에 관계가 있음을 인정하자 언론은 기후과학자의 의견을 옹호하고 나섰다. 세계에서 이산화탄소 발생량이 가장 많은 국가임에도 중국의 1인당 이산화탄소 발생량은 세계 최대가 아니다. 1인당 발생량으로 따지면, 미국은 세계 13위인 데 비해 중국은 37위다. 미국(약 3억 명의 인구)과 중국(약 15억 명의 인구)의 인구 차에서 볼 수 있듯 인구는 국가별로 큰 차이를 보이기 때문에 이런 구분은 중요하다.

스웨덴의 의사이자 통계학자로《팩트풀니스 : 우리가 세상을 오해하는 10가지 이유와 세상이 생각보다 괜찮은 이유》의 공저자인 한스 로슬링은, 국가별로 이산화탄소 총배출량을 비교하는 것은 중국인 전체 몸무게가 미국인 전체 몸무게보다 높다는 이유로 중국의 비만율이 미국보다 높다고 주장하는 것과 다를 바

노벨 물리학상 수상자로 기후 변화에 회의적인 태도를 보이는 미국의 물리학자 이바르 예베르는 보수 정당의 싱크탱크(여러 영역의 전문가를 조직적으로 모아서 연구, 개발을 하고 그 성과를 제공하는 조직)인 하트랜드연구소에 몸담고 있다. 하트랜드연구소는 지구기후연합의 계획대로 기후 변화와 관련된 과학에 대해 대중이 의구심을 품게 만드는 일을 해 오고 있다. 하트랜드연구소와 수많은 뉴스 사이트는 '성공한 과학자'라는 그의 명성을 이용해 '기후 변화 부정론'을 정당화하려고 한다.

없으며, 인구 규모에서 엄청난 차이를 보일 경우에는 국가별 배출량을 따지는 것이 의미가 없다고 주장한다.

30년 전 한센이 인간의 활동이 기후 변화를 불러일으켰다는 주장을 펼쳤을 때 그 충격은 엄청났다. 신문, 방송국, 정치인, 기업, NGO 단체는 한결같이 문제의 중요성을 인식했고, 당파를 떠나서 기후 변화 논의가 폭넓게 이루어졌다. 한센의 선언 이후로 기후 변화에 대한 책임이 인간에게 있다는 사실이 과학적으로 더욱 확실해졌다. 예상대로 미국 서부에서 산불이 더 많이 발생했고, 남동부에서는 허리케인이 몰고 온 홍수가 더욱 심해졌으며, 해수면 상승, 산호초 백화 현상, 열대병 확산, 해양 산성화가 자주 일어났다. 하지만 이와 같은 위기 상황에서 미국 정부의 대응은 신통치 않았다.

의회는 기후 변화를 안건으로 한 공청회를 600차례 이상 열었지만 별다른 진전이 없었다. 그사이 공화당 내부에서는 기후 변화를 둘러싼 관심이 수그러들었다. 왜 그랬을까? 1989년에 석탄·정유·가스와 같은 화석 연료 회사가 담배 회사의 전술을 그대로 모방해 과학에 대적하는 반과학적인 지구기후연합을 세웠기 때문이다. 자금줄이 튼튼한 지구기후연합은 여론을 양극화하고, 잘못된 정보를 제공하고, 불확실성을 조장해 기후과학 연구에 찬물을 끼얹는 캠페인을 벌였다. 2001년에 지구기후연합이 해체되자 수많은 선전 단체가 반과학적인 의제를 내세우며 지구기후연합의 뒤를 이었다.

RULE 11

정치인이 항상 진실을 말하는 것은 아니다. 정치인의 과학 지식은 오히려 독이 되기도 한다. 때때로 그들은 자신이 소속된 당의 잘못된 방침을 따르기도 하고, 허위 정보를 퍼뜨리거나 사실 관계를 모호하게 만드는 데 앞장서기도 한다.

석탄·정유·가스 회사는 선거 연설, 의회 청문회, 위원회에서 토론을 벌이는 의회 의원들에게도 자금을 대 주었다. 이들 정치인은 공적인 자리에서 견실한 과학에 반대하는 논쟁을 수년간 벌이면서 유권자로 하여금 기후 변화를 뒷받침하는 과학에 대한 신뢰를 잃게 만들었다. 하지만 기후 변화와 이를 뒷받침하는 과학은 정치인들의 의견이 아니라 사실이다. 다시 말해 '서로의 다름을 인정할 수 있는' 성질의 것이 아니다.

문제를 해결하려는 과학계의 노력

귀인 과학Attribution Science은 온실가스 배출 증가와 같은 인간의 활동이 기상 이변을 일으킨다는 점을 과학적 증거로 밝혀내는 학문이다. 귀인 과학은 기후과학에 우호적인 여론을 형성해 판세를 뒤집으려는 과학자의 희망 사항일 것이다. 기후과학자 프리데리케 오토는 가정용 컴퓨터의 유휴 시간을 기부해 그녀가 계산을 할 수 있도록 도움을 주는 시민 과학자(전문 과학자가 아닌 지원자)로 구성된 분산 컴퓨팅 프레임워크*인 weather@home을 이용한다. 독일 기상청과 함께하는 weather@home 프로젝트는 기상 이변이 기후 변화 때문에 나타났는지를 규명하려는 노력을 펼친다. 오토는 다음과 같이 말한다. "우리 같은 과학자가 아무런 말도 하지 않으면 엉뚱한 사람들이 나서서 기후 변화가 사실인지를 묻는

*여러 컴퓨터를 가상으로 연결해서 공동으로 연산 작업을 수행하게 하는 것.

물음에 과학적 증거 대신 자신들이 내세우는 정책에 따라 답변을 하게 될 거예요. 따라서 현재 벌어지는 논의에 과학을 포함하려면 우리가 나서서 말하는 수밖에 없어요."

10여 년의 연구와 170편이 넘는 연구 논문이 발표되면서 귀인 과학은 대중 앞에 설 수 있을 만큼 발전했다. 귀인 과학이 이루어 놓은 성과에 힘입어 미래의 일기 예보는 인간의 산업 활동으로 배출된 온실가스 때문에 극단적인 기상 이변이 일어날 가능성이 얼마나 높은지를 보여 줄 수 있을 것이다. 영국의 과학 학술지 〈네이처〉는 기후 변화의 원인을 인간에게 돌린 2004년부터 2018년 중반까지의 연구를 모두 살펴보고 검토한 결과, 기상 이변의 3분의 2가 인간의 활동에 따른 온실가스 배출 때문에 더욱 심각하다는 점을 확인했다. 이런 기상 이변 가운데 43%는 무더위, 18%는 가뭄, 17%는 폭우나 홍수였다. 기상 이변에 관한 연구는 2016년에 세계를 휩쓴 살인적인 무더위, 2014년부터 2016년까지 알래스카만과 베링해의 해수 온도 상승이 인간이 초래한 인위적인 기후 변화 없이는 절대 일어날 수 없다는 사실을 입증했다.

오늘날 확장과 성장 논리를 앞세운 경제는 엄청난 쓰레기를 만들어 낸다. 깊은 바닷속 해구는 물론 고래, 돌고래, 거북의 배 속에서도 플라스틱 제품이 발견된다. 플라스틱 오염을 촬영한 사진과 동영상이 온라인을 통해 빠르게 퍼지면서 사람들에게 절망과 혐오 같은 본능적인 감정을 불러일으키고 있다. 소비자들

미국 서부에서는 엄청난 규모의 산불이 주기적으로 일어난다. 지구 기온 상승은 기존의 건조한 지역에서 가뭄을 악화시켜 강력한 산불이 더욱 자주 일어나는 결과를 낳았다. 귀인 과학은 기후 변화가 산불에 얼마나 영향을 미치는지 밝히고, 기후 변화가 인류에게 닥친 현실이며 해결해야 할 문제라는 사실을 더 많은 이들이 깨닫게 해 준다.

이 점차 환경을 해치지 않는 좀 더 윤리적이고 지속 가능한 제품 소재를 찾기 때문에 많은 기업이 플라스틱 사용에서 벗어나려고 한다. 대기 중에 배출되는 이산화탄소와 메탄의 양을 줄이는 일은 훨씬 어려운 문제다. 그러려면 모든 영역에서 변화를 끌어내는 수밖에 없다. 개인적인 선택, 공공 정책, 지역 정책 모두 성장과 확장의 경제 논리에서 벗어나 세계적인 합의에 이르러야 한다. 과학에 대한 신뢰를 유지하고 강화하는 일이 그 어느 때보다 중요해졌다.

백신 접종

백신 접종을 둘러싼 논쟁은 기후 변화를 둘러싼 논쟁과 매우 비슷하다. 양쪽 모두 과학적으로 확실하며, 부정론자는 자신이 속한 집단의 정체성에 크게 영향을 받는다. 다행히 백신 접종 거부자는 기후 변화 부정론자만큼 흔치 않으며, 미국의 양대 정당 모두 백신 접종에 적극적으로 반대하지는 않는다. 백신 접종 거부자는 정치 영역의 양극단에 놓여 있을 가능성이 크다. 또 백신 접종 거부자는 특정 종교 단체, 정치적 이념이 친환경적으로 지속가능한 사회를 만드는 데 목표를 둔 녹색당, 모두의 행복을 위해 국가는 개인의 자유를 제한할 권리가 없다고 주장하는 자유주의자인 경우가 많다. 그들은 제약 회사를 믿지 않고, 돈이 의학을 오염시킨다고 생각한다.

백신이 세상에 처음 나왔을 때도 백신 접종 거부자는 있었다. 1722년, 영국에서는 에드먼드 매시 목사가 '위험하고 사악한 접종 관행'이라는 제목의 설교에서 백신 접종을 '악마의 행위'라고 부르며 반대했다. 그 뒤로도 백신 접종에 대한 적대감이 완전히 사라진 적은 없었다.

백신 접종에 대한 동의가 중요한 것은 홍역과 수두처럼 전염성이 높은 질병에 대한 집단 면역을 유지하려면 백신 접종률이 인구의 95~99%에 이르러야 하기 때문이다. 집단 면역은 아기처럼 백신을 맞을 수 없는 사람을 치명적인 질병으로부터 보호해 준다. 백신 접종은 소아 질환의 유행을 막는 데 도움을 주었고, 천연두와 소아마비를 거의 퇴치했다. 그러나 백신 접종에 대한 불신은 과거에는 드물거나 존재하지 않던 질병이 폭발적으로 증가하게 만들고, 기저 질환* 때문에 백신 접종을 받지 못하는 사람들을 위험에 빠뜨려 지금까지 이룬 의학적 발전을 허물어뜨릴 수도 있다.

백신 반대주의의 등장

1998년 2월, 영국의 저명한 의학 저널인 〈랜싯Lancet〉에는 MMR로 불리는 홍역-유행성 이하선염-풍진 혼합 백신과 어린이 자폐증 사이의 연관성을 알리는 논문이 실렸다. 연구를 수행하고 논문을 발표한 사람은 영국 런던의 왕립 자유병원에서 근무하던 소화기내과 의사 앤드루 웨이크필드였다. 당시에는 자폐증의 원인에 대해 거의 알려진 바가 없었기에 웨이크필드의 논문은 큰 반향을 일으켰다. 자폐아를 둔 수많은 부모가 나서서 아이가 MMR을 접종받은 뒤 얼마 지나지 않아 자폐증이 나타났다고 확인해 주었다.

웨이크필드의 연구에는 여덟 명의 아이를 사례로 들었기 때문에 의학계는 크게 관심을 기울이지 않았다. 또 아이가 보통

---

*어떤 질병의 원인이나 밑바탕이 되는 질병을 뜻하는 의학 용어로, 흔히 '지병'이라고 한다. 고혈압, 당뇨병, 천식, 신부전, 결핵 등이 이에 해당한다.

MMR을 접종할 나이쯤 되면 백신 접종 여부와 상관없이 자폐증의 첫 번째 특징을 보인다고 알려져 있었다. 영국 정부는 웨이크필드의 연구에 대한 타당성 조사를 의학연구위원회에 맡겼다. 위원회는 아무런 타당성도 찾지 못했고, 그의 연구 결과를 반박하는 수많은 논문이 발표됐다.

웨이크필드는 소리 높여 공개적으로 자신의 연구 결과를 옹호하는 한편, 자기 입을 막으려는 음모 세력이 있다고 주장했다. 이 같은 논란을 취재하던 언론인들은 웨이크필드가 MMR 제조업체를 상대로 소송을 제기 중이던 법률구조위원회라는 법조인 단체로부터 재정 지원을 받아 지속적으로 연구하고 있다는 사실을 알아냈다. 웨이크필드는 동료뿐 아니라 누구에게도 자금의 출처를 밝힌 적이 없었다. 결국 그는 의사 면허를 박탈당했고, 영국에서 의료 행위를 할 수 없게 되었다. 〈랜싯〉은 논문 내용이 '완전히 거짓'이었다고 밝히며 웨이크필드의 논문 게재를 철회했다. 하지만 MMR에 대한 신뢰는 이미 돌이킬 수 없이 손상을 입은 뒤였다.

대중 매체는 화제가 될 만한 기사를 낚으려 했고, 웨이크필드의 발상은 유명 연예인을 비롯해 수많은 추종자를 끌어모았다. 할리우드 배우인 제니 매카시는 웨이크필드의 주장에 크게 동의했다. 매카시에게는 자폐증을 앓는 아들이 있었고, 그녀는 MMR 접종이 아들에게 자폐증을 일으켰다고 확신했다. 2007년 그녀는 유명한 텔레비전 토크쇼인 '오프라 윈프리 쇼'에 출연해 수백만 명에 이르는 시청자에게 백신 접종의 '위험성'에 관해 이야기했다. 그 뒤로 매카시는 또 다른 토크쇼 '래리 킹 라이브'와 '굿모닝 아메리카'에도 출연했다.

언론인 세스 누킨은 자신이 쓴 책《패닉 바이러스The Panic Virus》에서 이들 토크쇼를 통해 매카시의 백신 반대 메시지가 1500~2000만 명의 시청자에게 전달됐을 것으로 추산했다. 연예인이 과학적 정보를 내보내는 최초의 출처는 아니더라도 대중의 추앙을 받는 그들의 말과 생각은 엄청난 속도로 빠르게 퍼져 나가는 속성을 지닌다.

코로나19 대유행과 관련해 그릇된 정보를 다룬 옥스퍼드대학교와 로이터연구소의 공동 연구는 거짓말의 59%가 다양한 형태로 재구성된다는 사실을 보여 준다. 기존의 정보가 그럴듯하게 꾸며지거나 왜곡되거나 맥락이 바뀌거나 고쳐진 것이다. 거짓말 가운데 38%만 완전히 조작된 정보로 드러났다. 정치인과 연예인을 비롯한 유명 인사에서 시작되어 대중에게 전해진 그릇된 정보

RULE 12

연예인이 홍보하는 의약품과 과학적 발상은 주의할 필요가 있다.

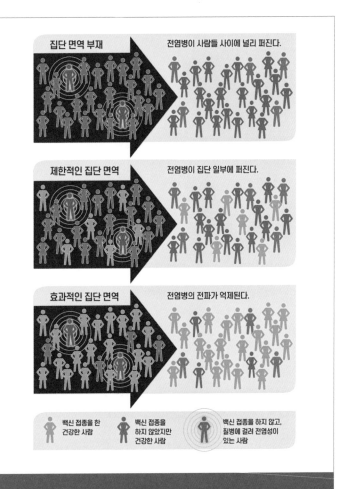

집단 면역 부재

전염병이 사람들 사이에 널리 퍼진다.

제한적인 집단 면역

전염병이 집단 일부에 퍼진다.

효과적인 집단 면역

전염병의 전파가 억제된다.

백신 접종을 한 건강한 사람

백신 접종을 하지 않았지만 건강한 사람

백신 접종을 하지 않고, 질병에 걸려 전염성이 있는 사람

이 그림은 집단 면역이 질병으로부터 사람들을 어떻게 보호하는지를 보여 준다. 백신 접종이 전혀 이루어지지 않거나 일부만 이루어진 경우는 백신을 맞지 않은 나머지 사람들이 질병에 걸릴 수 있다. 질병의 확산을 억제할 만큼 백신 접종자의 수가 충분치 않기 때문이다. 그러나 백신 접종자 수가 일정 수준에 이르면 질병의 확산을 막고, 백신을 맞을 수 없는 사람들이 질병에 걸리지 않도록 보호해 준다.

는 20%였으나, 이들의 소셜 미디어 활동까지 합치면 69%를 차지했다.

영국에서 의료 행위를 할 수 없게 된 웨이크필드는 미국으로 이주해 자폐증 미디어 채널을 설립하고 자폐증과 MMR 백신 사이의 관계를 보여 주는 동영상도 제작했다. 그는 당시 대통령이던 도널드 트럼프의 수많은 지지자에게 자신의 메시지를 널리 전해 달라고 부탁하기도 했다.

백신 반대주의의 결과

WHO에 따르면, 웨이크필드의 논문과 백신 반대 운동의 영향으로 2017년 유럽에서는 MMR 백신 접종률이 떨어지면서 홍역에 걸린 어린이가 네 배나 많아졌다.

현재 미국에서는 50개 주가 모두 취학 전에 어린이들이 백신을 접종받도록 요구한다. 또 의학적 문제 때문에 백신 접종을 받을 수 없는 어린이에게는 모든 주에서 의료 면제를 해 준다. 이 아이들은 집단 면역을 통해 감염병으로부터 보호를 받는 셈이다. 반 친구들이 모두 백신을 맞았기 때문에 예방 가능한 질병에 걸릴 위험은 없을 것이다. 15개 주는 개인적이거나 철학적인 이유로 부모가 아이에게 백신을 맞히지 않는 것을 허용하고 있으며, 거의 모든 주가 종교적 신념에 따라 백신을 맞지 않으려는 사람에게 접종을 면제해 주는 예외 조항을 두고 있다.

미국 질병통제예방센터CDC에 따르면, 백신을 맞지 않은 두 살 미만의 영유아 수가 2001년 이후 네 배로 증가했다. 연구 결과, 백신을 맞지 않은 아이가 백일해와 홍역에 걸릴 확률은 각각 23배, 35배 높은 것으로 나타났다. 또한 백신을 맞지 않은 아이는 백신을 맞은 아이에 비해 폐렴에 걸려 입원할 확률이 6.5배 높았다. 질병통제예방센터는 1998~2013년에 태어난 아이들의 경우 백신 접종을 받음으로써 2000만 명 넘게 입원 치료를 피하고, 73만 명 넘게 목숨을 건진 것으로 추산한다.

　　일반적으로 어느 정도의 비판적 사고와 회의적 시선은 사실과 허구를 구분하고 싶은 사람이라면 갖춰야 할 중요한 덕목이다. 하지만 지나친 회의론은 위험할 수도 있다. 일부 제약 회사는 약을 팔려는 목적으로 비윤리적이거나 위험한 일을 해 왔으며, 그들이 내민 돈은 과학계와 정부에 영향을 줄 수도 있다. 그럼에도 이런 업체에 대한 전반적인 불신은 백신 접종 거부자가 늘어나게 만들었고, 어설픈 비판적 사고가 어떻게 잘못된 결론에 이를 수 있는지를 보여 주었다. 로슬링은 《팩트풀니스》에서 "비판적 사고의 파괴적인 예로서, 고학력이면서 배려심이 깊은 부모들은 치명적인 질병으로부터 아이를 지킬 수 있는 백신 접종을 꺼린다."라고 썼다.

　　미국에서 1995년에 취학 전 어린이에 대한 수두 예방 접종을 실시하기 전까지는 해마다 수두에 걸리는 아이들이 약 400만

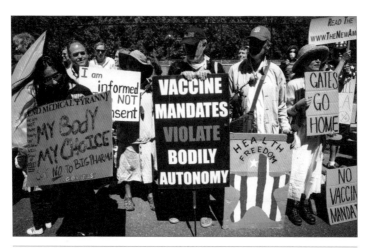

2020년 6월, 백신 접종에 반대하는 시위자들이 당시 뉴욕 주지사인 앤드루 쿠오모의 집 앞에 모여들었다. 이들은 의사로부터 의료 면제를 받지 못하면 코로나19 백신을 의무적으로 접종해야 한다는 뉴욕변호사협회의 권고에 항의하는 시위를 벌였다.

명에 이르렀고, 그중 100~150명이 목숨을 잃었다. 백신 접종 덕분에 사망자 수는 90% 감소했고, 수두 발병률도 매우 낮아졌다. 여러 연구 결과는 어느 지역에서 나타난 질병의 폭발적 증가와 백신 접종 거부자의 감염률 사이의 연관성을 보여 준다. 2015년 노스캐롤라이나주에서는 주 의회 의원들이 백신 접종에 대한 종교적 예외를 허용하는 법 조항을 없애려고 했다. 그들의 시도는 떠들썩한 저항에 부딪혔고 '의료 테러'나 다름없다는 비난을 받았다. 법안은 철회되었고, 몇 해 뒤인 2018년 11월 애슈빌의 발도르프학교에서 수두가 발생했다. 이는 지난 20년 동안 노스캐롤라이나주에서 발생한 수두 중 가장 규모가 큰 것으로 기록됐고, 재

학생의 3분의 2가 의료 면제를 받아 백신을 맞지 않은 것으로 드러났다.

질병통제예방센터는 미국에서 발생하는 모든 홍역 사례를 추적한다. 미국에서는 2014년, 2015년, 2017년, 2018년, 2019년에 홍역이 발생했다. 모두 백신 접종률이 낮은 지역에서 발생한 것으로 알려졌다. 2014년에는 접종률이 낮은 오하이오주의 아미시 종교 공동체에서 홍역이 발생했다. 2015년에는 캘리포니아주에 있는 세계적인 놀이공원 디즈니랜드에서 악명 높은 홍역 발병 사태가 벌어졌는데, 홍역에 걸린 사람의 절반가량이 백신을 맞지 않은 것으로 추정되었다. 2017년에는 백신 접종률이 매우 낮은 미네소타주의 소말리아 이주민 공동체에서 소규모 발병이 나타났다. 또 뉴욕주 브루클린과 록랜드의 정통 유대인 공동체에서 발생한 홍역 사태로 시 공무원들은 백신 접종을 받지 않은 시민들에게 의무 접종을 강제할 수밖에 없었다. 홍역, 수두, 유행성 이하선염를 비롯한 질병은 백신 접종자가 적을수록 더 많이 발병할 가능성이 높았다.

콜로라도대학교 덴버캠퍼스 사회학과 교수인 제니퍼 라이히는 부모가 자녀의 백신 접종을 거부하는 이유를 연구한다. 그 결과, 부모가 백신에 대한 최신 정보를 수집하는 데 누구보다 열심이고 자기 아이에게 최선이 되는 선택을 하고 싶어 한다는 것을 알게 됐다. 라이히는 다음과 같이 말한다. "백신 접종을 반대하는 수많은 부모는 자신을 아이에 대한 전문가로 생각해 아이에게 무엇이 필요하며 아이에게 특별한 백신이 필요한지를 결정하기 위해 최선을 다합니다. 가족에게 최선이 되는 선택을 하는 데 있어 보건 전문가나 보건 당국보다 자질이 충분한 셈이죠. 하지만 이런 결정은 분명히 공동체를 위한 최선의 방안이 아닐 뿐만 아니라, 최악의 감염 상황에서 가장 취약한 누군가에게는 틀림없이 위험한 일이기도 합니다."

독감 예방 접종에 대한 잘못된 정보도 많다. 약 43%의 미국인이 백신을 맞으면 독감에 걸릴 수 있다는 잘못된 믿음을 갖고 있는데 이것은 사실이 아니다. 오늘날 백신에는 살아 있는 바이러스가 들어 있지 않기 때문이다. 백신과 관련된 잘못된 정보에 반박할 최선의 방법을 찾고자 숱한 연구가 진행됐다. 이런 연구는 독감 예방 접종에 대한 잘못된 믿음을 깨뜨리기 위한 것이지만, 이 장에서 다룬 과학과 관련된 근거 없는 믿음에도 설득력 있

RULE 13

어떤 의학적 쟁점이 의심스럽다면 세계보건기구, 미국 식품의약국, 미국 질병통제예방센터가 어떤 태도를 보이는지 살펴보면 된다. 이들 기구는 최신의 정확한 과학적 결과물을 보유하고, 외부의 간섭에서 자유로우며, 공중 보건을 책임질 최고의 과학자로 구성되어 있기 때문이다.

게 적용할 수 있을 것이다. 그렇지만 기후 변화 회의론자의 경우와 마찬가지로 사실을 제시하는 것만으로는 도움이 되지 않는다. 오히려 역효과를 가져올 수 있다.

사람들의 오해를 바로잡으려고 노력하는 것이 제대로 된 접근법일 것이다. 그러려면 적어도 바로잡은 사실이 잘못된 정보만큼이나 흥미로워야 한다. 바로잡은 사실이 기억에 남을 만큼 인상적이지 않다면 사람들은 몇 주 만에 깡그리 잊어버린 채 터무니없이 잘못된 정보만을 기억할 것이다. 안타깝지만 몇몇 과학 저술가의 말처럼 잘못된 정보를 더 효과적으로 다루는 방법은 처음부터 그것을 퍼뜨리지 않는 것이다. 일단 잘못된 정보에 빠지고 나면 어떤 증거를 대더라도 많은 이들이 자폐증을 백신 접종과 결부시켜 생각할 테니 말이다.

신약의 안전성과 유효성을 증명하는 임상 시험

상세한 처방전이 동봉된 가짜 알약을 의사에게서 받고 그 처방을 믿는다면 기분이 좋아질 가능성이 높다. 이른바 '플라세보Placebo 효과'다. 가짜 약이 더 강한 인상을 남길수록 플라세보 효과도 커진다. 주사가 알약보다 효과적이고, 가짜 수술은 가장 큰 효과를 발휘한다.

플라세보가 병을 치료해 주는 것은 아니지만, 기분이 좋아지게 만들어 줄 수는 있다. 가짜 약을 공급하는 사람들은 플라세보 효과를 이용해 약이 잘 듣는다는 믿음을 심어 주려 한다. 그런데 임상 시험에서도 플라세보를 이용해 실제 치료의 효능을 시험해 본다. 그런 임상 시험에서 무작위로 어떤 사람들은 진짜 약을 받는 그룹에 배정되고, 나머지는 그들이 진짜라고 믿는 가짜 약을 받는 그룹에 배정된다. 그렇게 해서 가짜 약인 플라세보의 효과와 시험 중인 약의 효과 사이에 중요한 차이가 없다면 그 약이 효과가 없다는 결론을 내릴 수 있다.

　　가장 좋은 임상 시험은 실험자와 피험자 양쪽 모두 누가 진짜 약을 받고 누가 가짜 약을 받았는지 알 수 없는 이중 맹검법으로 실시하는 것이며, 이 방법은 약의 효능에 대한 어떤 편견이나 선입견도 배제할 수 있다.

RULE 14

어떤 연구에서 인간이 피험자로 이용된다면 플라세보 대조군을 이용한 이중 맹검법 임상 시험인지 확인해 본다. 임상 시험의 규모 또한 중요하다. 더 많은 환자가 참여할수록 약의 안전성 문제와 유익한 효과를 신속히 살펴볼 수 있고, 진짜 약을 받은 환자와 가짜 약을 받은 환자 사이의 차이도 더욱 분명해지기 때문이다. 임상 시험에는 수천 명의 피험자가 동원될 수 있다. 인간이 피험자로 이용된 연구의 규모가 더 작을 때 연구진은 자신들이 주장하는 통계적 확신을 어떤 방식으로 얻었는지 밝혀야 한다.

유전자 변형 유기체, GMO

미국 칼럼니스트인 마이클 거슨은 개 사료 포장에서 GMO가 들어 있지 않다고 써 놓은 문구를 발견하고 큰 충격을 받았다. 그는 "일부 식품 회사에서는 GMO 성분이 개에게도 적합하지 않다는 식으로 주장하는 것 같다. 이들 기업은 합리성을 거스르는 만행을 저지르고 있다."는 글을 남겼다. 이것은 최근 공적인 담론에서 GMO 반대 정서가 고조된 데 대한 반응을 보여 준다.

GMO는 Genetically Modified Organisms의 머리글자를 딴 용어로, 새로이 원하는 특성을 나타내도록 실험실에서 유전적으로 변형된 유기체다. 가축과 농산물뿐 아니라 반려동물까지 유전적으로 변형되는 일이 흔하다.

유전자는 세포핵 안에 채워진 사슬 모양의 분자인 데옥시리보 핵산DNA으로 이루어져 있다. 각각의 DNA는 티민(T), 아데닌(A), 시토신(C), 구아닌(G)으로 결합한 네 개의 염기성 화학 물질로 구성된다. 염기 수열 또는 배열에 따라 유기체의 특성이 결정된다. 말하자면, DNA는 유기체 내부에 존재하는 모든 종류의 단백질을 만드는 데 필요한 온갖 레시피가 들어 있는 커다란 요리책인 셈이다. 과학자들은 이런 레시피를 '유전자'라고 부른다. 유전자는 각각의 생명체가 어떻게 성장하고, 기능하고, 번식할 것인지에 대한 지시를 전달한다.

세포마다 유기체 내부의 모든 단백질을 만드는 데 필요한 온갖 레시피가 들어 있다. 손가락 안에 있는 세포가 더 많은 근육을 만들어야 할 때 그 세포의 분자 조직은 그에 맞는 레시피를 찾아내 단백질을 만들어 낸다. 어떤 문제가 발생하지 않는다면, 그 세포는 손가락에 필요하지 않은 단백질을 절대로 만들지 않는다. 체내의 모든 단백질을 만드는 방법을 알려 주는 완벽한 명령어 집합은 게놈genome이다. 한마디로 지침서인 셈이다. 우리 몸은 대략 10조 개의 세포로 이루어져 있고, 각 세포의 세포핵에는 완벽한 명령어 집합이 들어 있다. 그런 세포 하나의 DNA를 직선으로 펼치면 그 길이가 약 2미터에 이른다.

생체 분자 기술을 이용하면 식물이나 동물처럼 살아 있는 유기체의 유전자를 변형해 다른 유기체의 유전자를 갖도록 만들 수 있다. GMO 식품에서는 새로운 유전자가 더 많은 비타민을 만들어 내고, 저장 기간을 늘리고, 수확을 쉽게 하고, 맛을 좋게 하는 등 원하는 성질을 유기체에 새롭게 부여한다. GMO를 만들어 내려면 유기체에 필요한 특성을 파악하고, 다른 유기체에서 그런 특성을 나타내는 유전자를 찾아내고, 적절한 유기체 내부에 유전자를 삽입한 다음 GMO를 육성해야 한다. 예를 들어 매운맛이 나는 딸기를 얻고 싶다고 해 보자. 우리는 고추에서 매운맛을 가진 화학 물질을 만들어 내는 유전자를 추출해 이를 딸기에 삽입함으로써 매운맛을 가진 신품종 딸기를 재배할 수도 있다.

과학자는 다양한 방식으로 자신이 원하는 특성을 가진 유전자를 숙주 종에 삽입한다. 그런 방법 가운데 하나는 DNA를 무해한 양성 바이러스에 삽입한 다음 동물의 혈류에 바이러스를 주사하는 것이다. 그렇게 동물의 혈류에 들어간 바이러스는 동물의 체세포에 DNA를 삽입하게 된다. 자기 복제가 가능한 DNA 원형 가닥인 플라스미드plasmid, 미세한 발사체를 이용해 유전자를 삽입하는 장치인 유전자 총gene gun은 식물의 유전자 변형에도 흔히 이용된다. 과학자들은 유전자의 워드프로세서에 견줄 만큼 참신하고 효과가 뛰어난 유전자 가위인 크리스퍼CRISPR를 이용해 유기체의 유전자를 직접 바꾸거나 새로운 유전자를 추가할 수도 있다.

　원예가와 농부도 선별적인 육종*을 통해 오랫동안 식물과 동물의 유전자를 변화시켜 왔다. 그들은 새롭고 향상된 작물과 가축을 얻기 위해 다양한 종끼리 이종 교배**를 시도했다. 이런 시도는 상당히 무계획적이어서 예측하기 어려웠지만, 이 과정이 있었기에 유기체 간에 유전자를 주고받는 일에 인간이 참여할 수 있었다. 지난 수십 년간 농부들은 가뭄에 잘 견디는 성질이나 색깔, 크기, 맛 등 원하는 성질을 얻기 위해 이종 교배를 시도하면서 좀 더 보완된 기술로 안전한 방사선과 화학적 방법을 이용해 무작위 돌연변이를 이끌어 냈다. 하지만 이와 같은 사실은 세상에 거의 알려지지 않았다. 이렇게 얻은 작물에 유통업자와 판매

---

*생물이 가진 유전적 성질을 이용하여 새로운 품종을 만들어 내거나 기존 품종을 개량하는 일.

**종이 다른 생물의 암수를 교배하는 일.

유전자 가위 기술

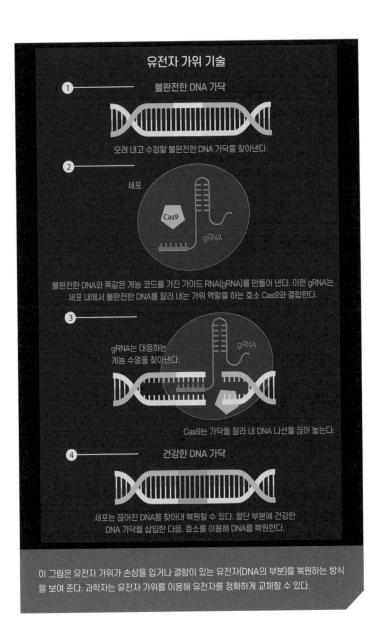

① 불완전한 DNA 가닥

오려 내고 수정할 불완전한 DNA 가닥을 찾아낸다.

② 세포

Cas9

gRNA

불완전한 DNA와 똑같은 게놈 코드를 가진 가이드 RNA(gRNA)를 만들어 낸다. 이런 gRNA는 세포 내에서 불완전한 DNA를 잘라 내는 가위 역할을 하는 효소 Cas9와 결합한다.

③

gRNA는 대응하는 게놈 수열을 찾아낸다.

gRNA

Cas9는 가닥을 잘라 내 DNA 나선을 끊어 놓는다.

④ 건강한 DNA 가닥

세포는 끊어진 DNA를 찾아내 복원할 수 있다. 절단 부분에 건강한 DNA 가닥을 삽입한 다음, 효소를 이용해 DNA를 복원한다.

이 그림은 유전자 가위가 손상을 입거나 결함이 있는 유전자(DNA의 부분)를 복원하는 방식을 보여 준다. 과학자는 유전자 가위를 이용해 유전자를 정확하게 교체할 수 있다.

자는 '천연' 또는 '유기농'이라는 꼬리표를 붙였다.

　유전공학은 생체 분자 기술을 이용해 유기체에 유전자를 추가하고 제거하고 바꾸기 때문에 육종과는 조금 다르다. 유전공학은 훨씬 정확하고 빠르다는 장점이 있다. 유전공학을 통해 얻은 변화 중에는 세심한 이종 교배에 의해 일어나는 것도 있지만, 전혀 다른 종의 유전자를 추출해 새로운 종의 게놈에 추가하는 과정이 필요한 것도 있다. 전통적 방식의 이종 교배를 통해 얻었든 유전공학을 통해 얻었든, 같은 게놈을 보유했다면 두 유기체는 똑같다. 게놈을 체내의 단백질이 만들어지는 과정을 설명해 주는 유전자 레시피가 기록된 요리책으로 본다면, GMO를 불신하는 것은 손으로 쓴 레시피 책은 보면서도 그것과 내용이 똑같은 인쇄된 레시피 책은 거부하는 것과 다를 바 없다.

　많은 이들이 GMO 식품의 알레르기 항원, 유독성, 발암성, 영양가 저하를 우려한다. 2016년에 미국 국립과학원은 1000여 건의 GMO 연구를 분석한 뒤, GMO 식품이 다른 식품에 비해 건강에 큰 위험을 초래한다는 사실을 보여 주는 차이를 전혀 찾지 못했다고 밝혔다. 미국의학협회, 미국과학진흥회, WHO, 프랑스 과학아카데미, 영국 왕립학회 역시 같은 입장을 지지해 왔다. 반면에 2018년 49%의 미국인은 GMO 식품이 다른 식품보다 나쁘다고 믿었다. 이런 수치는 2016년 이후로 10% 증가한 것이다. 과학자의 90%가량은 GMO가 안전하다고 믿고 있으며, 여성

(56%)이 남성(43%)보다 GMO에 냉소적인 반응을 보인다. 하지만 유럽인과 달리 대다수 미국인은 GMO를 심각하게 생각하지 않는다. GMO 식품에 대한 대중의 불신이 커진 것은 과학자와 GMO 반대론자에게 똑같은 방송 시간을 할애한 언론 매체의 영향도 있다.

유독성과 발암성에 대한 근거 없는 두려움 말고도 사람들은 여러 가지 이유로 GMO를 불신한다. 그중 몇몇은 다른 이유에 비해 타당성이 떨어진다. 가장 일반적인 것은 철학적 이유로, 자연과 작은 규모로 짓는 농사를 선호하고 기술을 싫어한다. 특히 몬산토 같은 다국적 농업 기업이 생산한 제품에 거부감을 보인다. 철학적 이유로 GMO가 아닌 식품을 선호하는 것은 전혀 잘못된 일이 아니지만, 그런 이유로 GMO 식품이 안전하지 않다고 주장할 수는 없다.

과학적 연구로 드러나지 않은 GMO의 장기적인 영향이나 아직은 관측되지 않았지만 GMO가 생태계에 미칠 영향을 걱정하는 이들도 있다. 수많은 비정부 기구NGO가 GMO를 언급할 때 '프랑켄푸드Frankenfood*' 같은 신조어를 사용하면서 이런 우려는 점점 커지고 있다. '안전한' GMO-free 식품이라고 홍보하는 수많은 판매자도 이런 두려움을 증폭시킨다.

---

* 소설 《프랑켄슈타인》에 나오는 괴기스러운 인조인간 프랑켄슈타인(Frankenstein)과 음식(food)을 합성한 용어.

2020년에 아르헨티나의 생명공학 기업 바이오세레스에서 개발한 GMO 밀은 가뭄에 강한 저항성을 보인다.

　　마지막으로, 많은 이들이 합성 첨가물이 들어간 식품보다 자연식품이나 유기농 식품이 안전하다는 잘못된 믿음을 갖고 있다. 그것은 옳지 않다. 먼저 '합성'과 '유전자 변형'은 같은 공정을 가리키는 말이 아니며, 다음으로 '자연적인' 식품이 반드시 독성이 덜한 것도 아니다. 어떤 식품이든 지나치게 많이 먹으면 몸에 해로울 수 있다. 심지어 물을 너무 많이 마시는 것도 독이 될 수 있다. 소비자는 GMO 식품을 알 권리가 있다. 또 유전자 변형에 대해서도 배우고, 특정한 제품의 장단점을 따져 볼 필요도 있다. 유전자 변형이 어떻게 이루어지는지, 식품의 성분이 무엇인지 이해하는 과정을 통해 우리가 매일 먹는 식품에 대해 지적이면서도 과학에 근거한 결정을 내릴 수 있게 된다.

유전자 변형의 범위는 매우 넓다. 그중에는 사소한 것도 있지만 위험한 것도 있고, 수백만 명의 생명을 구할 수 있는 것도 있다. 생명을 구하는 유전자 변형에는 식물의 광합성도 포함된다. 진화는 완벽하지 않으며, 농작물의 광합성 체계는 대부분 불완전하다. 농작물은 세포 호흡과는 상관없이 햇빛이 있을 때 산소를 소비하고 이산화탄소를 발생시키는 '광호흡' 과정에서 많은 열량의 에너지를 잃는다.

2019년 미국 일리노이대학교의 식물 및 작물과학과 교수인 도널드 오트는 〈사이언스〉에 논문을 발표했다. 그가 이끄는 연구진은 훨씬 효율적인 광합성 체계를 보이는 유전자 변형 담배를 소개했다. GMO 담배는 성장 속도가 빠르고, 더 크고, 40% 이상의 바이오매스^{biomass}*를 생산했다. 담배는 대두, 동부콩, 쌀, 감자, 토마토, 가지 같은 작물의 이상적 모델이 되는 유기체라는 이유로 연구에 이용되었다. 그래서 연구진은 유전자 변형이 이들 작물에 효과적이라고 보았다. 만약 그렇다면 이것이야말로 식량 문제를 해결할 수 있는 결정적 승부수인 셈이다. 오트는 해마다 미국 중서부 지방에서 광호흡 과정을 거치며 손실되는 열량으로 최대 2억 명까지 더 먹여 살릴 수 있다고 말한다.

---

*어느 시점에 임의의 공간에 존재하는 특정 생물체의 양을 중량이나 에너지양으로 나타낸 것.

잘못된 과학의 이미지에 갇힌 대중

대부분의 일반인은 GMO 식품이 안전한지, 백신 접종이 자폐증을 유발하는지, 인간의 활동이 기후 변화의 원인인지를 알려 주는 과학적 증거를 믿지 못한다. 사람들은 잘못된 과학의 이미지에 갇혀 있다. 이들은 100% 의견 일치냐 불일치냐밖에는 없다고 생각한다. 새로운 과학적 발견은 동료 심사를 거치는 학술지에 게재된다. 그런 조각이 많을수록 우리가 볼 수 있는 퍼즐은 더 많아진다. 퍼즐의 90%가 완성된다면 그것이 우리에게 무엇을 보여 주는지 잘 알게 된다. 물론 각각의 퍼즐 조각을 확대 해석한다든지, 잘못된 조각(가짜 뉴스와 약탈적 학술지 논문)을 퍼즐에 끼워 넣으려 한다든지 하는 큰 위험은 여전히 존재한다. 하지만 퍼즐 전체를 완성하지 않았다고 해서 무슨 일이 일어나고 있는지 모른다는 뜻은 아니다.

수많은 과학 분야가 정치적 논쟁에 휘말렸으며, 우리의 인지 편향은 진짜 뉴스를 믿지 못하도록 영향을 미친다. 이런 문제가

RULE 15

어떤 증거가 여러분의 마음을 바꿔 놓을 수 있는지 스스로에게 물어보자. 아무런 증거도 없다면 여러분의 비판적 사고를 경계해야 한다.

점점 심각해지는 이유는 사람들이 대개 자신의 정치적 편향성에 부합하는 뉴스 매체에서 나온 정보만 받아들이기 때문이다. 어떤 뉴스 매체는 문제의 두 측면을 과학이 똑같이 뒷받침해 주는 것처럼 보도한다. 그런 뉴스를 본 회의론자는 자신의 견해가 실제보다 더 흔하다고 믿는다.

한스 로슬링은 모든 회의론자에게 "어떤 종류의 증거가 당신의 마음을 바꾸도록 설득할 수 있습니까?"라고 물었을 때 "어떤 증거도 내 마음을 바꿔 놓을 수는 없을 거예요."라는 답변이 나온다면, 그것은 회의론자 스스로 증거를 기반으로 하는 합리적이며 비판적인 사고에서 벗어났다는 증거라고 본다. 로슬링은 과학에 한결같이 회의적인 태도를 보이는 이들에게 "다음에 수술받을 일이 생기면 의사에게 애써 손 씻을 필요가 없다고 하세요."라고 말한다.

마이클 거슨은 "우리의 뿌리 깊은 믿음은 현실을 규정짓기보다는 현실을 헤쳐 나가도록 도와야 한다."고 말한다. 그의 말이 옳다. 결국 과학과 과학 전문가를 무시하는 것은 정치적 명분에 아무런 도움도 되지 않을 것이다.

돌팔이 의사나 사기꾼은 사실과 허구를 구별하지 못하는 사람들의 어리석음, 질병과 죽음에 대한 막연한 두려움을 이용한다. 그들은 이런 수법으로 검증되지 않고 안전하지 않은 가짜 약과 건강 보조제를 비싸게 팔고 고가의 줄기세포 치료를 권한다. 이따금 그들은 자신들이 판매한 것이 효과가 있다고 믿기도 한다. 과거에는 돌팔이가 관습의 한계를 넘어 새로운 것을 받아들이려 하지 않는 사회적 분위기에 도전장을 내미는 일도 있었다. 하지만 이 장에서 소개하는 돌팔이에게 건강을 맡기려면 매우 조심해야 할 것이다.

세상에 널리 알려진 돌팔이 의사로는 로버트 탈보어(1642~

1681)를 들 수 있다. 300여 년 전 인물이지만 전형적인 돌팔이 의사, 즉 사기꾼인 탈보어의 사기술은 21세기에도 돌팔이 의사들에게 여전히 영감을 준다. 특히 그는 말라리아와의 싸움에서 가장 큰 해결책이 되었던 약재를 이용했다. 1640년, 가톨릭 예수회 신학자인 후안 데 루고는 기나나무 껍질에서 추출한 팅크가 남아메리카에서 말라리아 치료에 흔히 이용된다는 기록을 남겼다. 영국인들은 말라리아를 치료하기 위해 기나나무 껍질을 달인 물을 마셨다. 하지만 영국인들은 에스파냐인이나 이탈리아인에 비해 그런 치료를 할 가능성이 낮아 보였다.

영국에는 1534년에 로마 가톨릭교회에서 갈라져 나와 영국의 국왕을 수장으로 하는 개신교의 한 파인 성공회가 수립되어 있었다. 영국에서는 기나나무 껍질이 '예수회의 나무껍질'로 알려져 있었고, 가톨릭과 연관이 있다는 이유로 이 뜨겁고 쓴 치료제를 마시는 것을 달가워하지 않았다. 탈보어는 돈을 벌기 위해 이런 상황을 교묘히 이용했다. 독학으로 의사가 된 그는 말라리아를 치료하는 데 쓰이는 기나나무 껍질 차의 효능을 알고 있었다. 탈보어가 기나나무, 포도주, 아편을 섞어 만든 혼합물은 효능은 그대로 유지하면서도 본래 약이 가진 쓴맛은 없어졌으나 부작용이 몇 가지 있었다. 그는 영국 사람들이 종교적인 이유로 꺼리는 기나나무 껍질을 대신할 안전한 대안이자 가톨릭과 관련이 없는 치료법이라고 사람들을 속여 가면서 이 비밀스러운 말라리아 치료제를 팔았다.

탈보어가 개발한 말라리아 치료제가 효과 있다는 소문은 빠르게 퍼져 나갔다. 영국의 찰스 2세는 1672년에 탈보어를 왕실의 의사로 임명했고, 1678년에는 기사 작위를 내렸다. 탈보어는 유럽 각국의 왕실에서 서로 모셔 가려는 의사가 됐다. 프랑스의 루이 14세는 탈보어에게 3000개의 황금 왕관을 지급하고 저택과 작위까지 하사했다. 이에 대한 보답으로 탈보어는 자신이 죽고 나면 말라리아 치료제의 제조법을 공개하겠다고 약속했다. 유럽의 왕실 의사로 일하면서도 탈보어는 자신의 명성과 부에 만족하지 못했다. 그는 경쟁자들을 따돌리기 위해 기나나무 껍질을 비밀리에 몽땅 사들이기도 했다.

초창기 제약 시장을 두고 벌인 탈보어의 행태는 그리 오래가지 못했다. 1681년, 그는 39세의 나이로 세상을 떠났다. 약속대로 그의 비밀 제조법은 루이 14세에게 공개됐고, 프랑스어판 출간에 이어 1682년에는 《영국의 치료법: 말라리아와 열병을 치료하는 탈보어의 놀라운 비법》이라는 영어 번역본이 출간됐다. 이로써 탈보어의 치료법은 더 이상 비밀이 아니게 됐다.

탈보어는 이미 있던 약을 이용해 자신만의 비법을 만들어 냈다. 그는 영업에 뛰어난 재능이 있었고, 유명 인사와의 인맥을 활용할 줄 아는 노련한 사업가였다. 이것은 어느 시대든 돌팔이에게서 찾을 수 있는 특징이다.

19세기 말부터 20세기 초까지 미국 신문에서는 보채는 아기를 달랠 수 있는 '윈슬로 부인의 진정 시럽' 같은 엉터리 약 광고가 지면을 가득 채웠다. 만병통치약으로 소문난 이 약은 간호사였던 샬럿 윈슬로가 만들어 낸 것으로, 고농도의 알코올과 모르핀이 들어 있어서 누가 봐도 아기에게 위험했다. 이후 미국 정부는 이를 일반 의약품으로 사용하지 못하도록 법으로 금지하거나 규제했다. 오늘날 의료 사기를 벌이는 이들도 제품에 아편과 모르핀을 더 이상 넣지는 않지만, 어떤 이들은 검증되지 않은 물질을 여전히 사용한다.

　　1920년대까지 미국의학협회는 검증되지 않은 약품을 공급하는 업자들이 의학 학술지에 논문을 발표하거나 신문 광고를 하지 못하게 했다. 하지만 미국의학협회의 이러한 조치는 라디오가 나오면서 힘을 잃고 말았다. 1930년대에 미국인의 40%는 라디오를 소유했고, 1940년대에 그 수치는 83%에 이르렀다. 돌팔이들은 규제받지 않는 새로운 미디어 공간을 이용해 대대적으로 엉터리 약품을 홍보했다. 1932년 미국 연방라디오위원회는 의심스러운 주장을 퍼뜨리는 점술가, 신비주의자, 역술인 등을 라디오에서 몰아내려고 했다. 엉터리 약장수들은 미국 남부와 멕시코 접경 지역으로 옮겨 가 방송을 이어 나갔다. 미국의학협회는 돈만 내면 누구에게든 '방송 시간'을 할애해 주는 부패한 라디오 방송국을 재빨리 규제하지 못하는 현실에 분개했다.

연방라디오위원회로부터 라디오 방송 허가가 취소된 라디오 진행자이자 돌팔이 의사로 존 R. 브링클리(1885~1942)를 꼽을 수 있다. 말솜씨가 뛰어난 브링클리는 라디오 쇼에서 발기 부전을 앓는 남성들에게 엄청난 수술비를 내고 염소의 고환을 이식하도록 유도했다. 브링클리는 이 수술을 받으면 염소처럼 정력이 좋아진다고 했다. 브링클리를 조사한 미국의학협회는 그가 의사 자격이 없는데도 이식 수술을 했다는 사실을 확인했다. 게다가 이식받은 염소 고환이 실제로 남성의 성생활에 도움을 주거나 정력을 높이지 못했다.

당시 뉴욕시 보건국장이던 셜리 W. 윈(1882~1942)은 라디오 청취자에게 몇 가지 충고를 했다. 인간의 몸은 복잡하고, 수많은 질병에 대해 진짜 의사는 환자에게 자신이 병을 고칠 수 있다고 함부로 약속하지 않으며, 더욱이 병을 고칠 수 있다고 광고하

RULE 16

돌팔이 의사는 의약품과 의료 행위를 홍보하느라 환자의 경험담을 이용할 때가 많다. 믿기지 않을 만큼 좋게 들리거나 만병통치약이라고 주장하는 의약품은 경계해야 한다. 환자의 경험담이 과학적 증거를 대신할 수는 없다. 또 의료 행위를 통한 치료는 장담할 수 없으므로, 진짜 의사라면 결과를 약속하지 않는다.

지 않는다고 말이다. 믿기지 않을 만큼 너무 좋은 얘기는 조심해야 한다.

원의 충고는 규제 불가능한 인터넷이 지배하는 오늘날에도 유효하다. 입증되지 않은 치료법에 대한 광고에는 효능을 믿게 할 목적으로 감정을 자극하는 환자의 경험담을 비롯해 다양한 수법이 동원된다. 이런 경험담이나 만병통치약이라고 무분별한 주장을 펼치는 약물이라면 비판적으로 생각하고 의심해 봐야 한다. 의사가 처방하지 않은 시술, 검사, 약물 치료, 건강 보조제에 대해서는 잘 알아보고 냉정히 판단해서 가짜 약을 사느라 돈을 낭비하지 않도록 한다.

의약품인 듯 아닌 듯_건강 보조제

노화로 인한 기억력 감퇴 예방에 좋다는 건강 보조제 프리바겐은 의약품을 가장한 건강 보조제의 전형적인 사례다. 제조사인 퀸시 바이오사이언스가 프리바겐의 효능에 대해 거짓 광고를 한 혐의로 수많은 재판에 연루되어 있을 때도 텔레비전에서는 프리바겐 광고가 나왔다.

프리바겐은 '노화로 인한 가벼운 기억력 감퇴 개선에 도움이 된다는 것이 임상 시험을 통해 입증된' 건강 보조제라고 알려져 있다. 유효 성분으로 추정되는 아포에쿼린은 해파리에서 얻는다.

프리바겐은 기억력 향상에 도움이 된다고 알려진 수많은 건강 보조제 중 하나다. 건강 보조제가 사람의 건강에 크게 작용한다고 주장한다면 경계해야 한다.

미국에서 이 제품은 2007년부터 2015년 중반까지 1억 6500만 달러의 매출액을 기록했다. 폭스 뉴스, CNN, NBC의 저녁 뉴스 시간대와 ABC의 유명 퀴즈 쇼인 '제퍼디!^{Jeopardy}', 미국 프로 미식축구처럼 인기 있는 스포츠 중계방송 중에 제품 광고를 했다. 광고 내용은 이렇다. "여러분의 뇌는 놀라운 능력을 가지고 있어요. 하지만 나이가 들면 총기가 떨어지거나 기억력에 문제가 생기죠. 다행히 프리바겐이 여러분의 뇌에 도움을 주고 기억력을 높여 줄 겁니다. 그 비밀은 해파리에서 처음 발견된 성분에 있어요. 임상 시험을 통해 프리바겐은 단기 기억 향상에 도움이 된다는 것이 입증되었습니다."

틀림없이 이런 광고는 믿기 어려운 효능, 곧 단기 기억 향상을 약속한다. 시청자는, "여기에 올린 내용은 미국 식품의약국[FDA]의 평가를 거치지 않은 것입니다. 본 제품은 어떠한 질병을 치료하거나 예방할 목적으로는 사용할 수 없습니다."라고 화면 아래쪽에 쓰인 깨알만큼 작은 글씨를 더욱 주의 깊게 봐야 한다. 광고에서 말한 임상 시험이 218명의 피험자를 대상으로 한 공개되지 않은 연구였다는 것은 건강 보조제가 사기일 수 있다는 짐작을 하게 한다.

이 광고는 프리바겐 상자, 약병, 유명 약국 체인점 영상으로 끝을 맺으면서 시청자에게 이들 유명 약국 체인점이 이 제품을 보증한다는 인상을 준다. 수많은 약국은 프리바겐을 대량으로 들여놓고, 30개의 알약이 든 약병 한 개를 40달러 정도에 판매한다. 건강 보험이 적용되지 않는 이 알약은 절박한 사람에게는 호소력 있게 다가갈 수도 있다. 미국은퇴자협회 재단의 수석 변호사 줄리 네프베우의 말을 빌리면, 건강 보조제 회사는 나이 든 사람일수록 건강 보조제에 더 많은 돈을 쓸 거라고 예측한다.

프리바겐은 건강 보조제일 뿐 의약품이 아니다. FDA의 규제

RULE 17

건강 보조제 광고가 의약품 광고처럼 들린다면 조심해야 한다.

를 받지 않기 때문이다. 건강 보조제이기 때문에 법적으로는 식품으로 분류되며, 연방거래위원회FTC*의 관할권 안에 있다. FDA가 의약품을 규제하는 것처럼 연방거래위원회도 건강 보조제를 규제하려는 노력을 펼쳤지만 번번이 실패했다.

2017년 4월 18일, 중대한 전례를 남긴 소송에서 존 마이클 바스케스 판사는 프로바이오틱 유산균 제품에 걸린 소송에서 제약 회사인 바이엘에 유리한 판결을 내렸다. 소송을 제기한 소비자들은 자기네 회사의 건강 보조제가 다양한 식이 질환에 도움을 줄 수 있다는 바이엘의 주장을 뒷받침할 만한 임상 시험이나 동료 심사 논문이 없다고 말했다. 하지만 바스케스 판사는 회사의 주장이 근거 없다는 것을 제대로 밝히지 못하고 있다고 지적했다. 바이엘의 주장이 실제로 거짓임을 소비자가 입증해야 했다. 다시 말해, 과학적 증거가 없다는 것만으로 바이엘이 허위 주장을 한다고 몰아붙일 수는 없다는 것이었다. 이 판결 덕분에 건강 보조제 제조사는 임상 시험이나 동료 심사를 거치지 않고서도 제품의 효능을 주장할 수 있게 됐다. 연방거래위원회가 그런 주장에 이의를 제기하고 싶다면 제조사의 주장이 거짓임을 입증하는 임상 시험 결과를 제시해야 한다.

사실과 진실의 중요성이 평가 절하되는 시대에 프리바겐을 비롯한 가짜 건강 보조제를 광고하고 판매할 수 있는 현실은 그

---

*우리나라의 공정거래위원회처럼 독과점과 불공정 거래를 규제하는 미국의 대표적인 경제 규제 기관.

다지 놀랍지도 않다.

난치병도 치료한다_줄기세포

줄기세포 치료 병원이 뜨고 있다. 미국에서 이런 병원은 2009년
만 해도 두 곳뿐이었으나 2017년에는 700곳 이상으로 늘어났다.
2014년부터 2016년까지 미국에서만 100곳이 넘는 줄기세포 치
료 병원이 문을 열었다. 이들 병원은 미국인을 '의료 관광' 대상
으로 삼던 중국, 한국, 멕시코 같은 나라에 이미 있던 병원을 모
델로 삼았다. 수천 명의 미국인이 해마다 의료 서비스를 받기 위
해 해외여행을 떠난다. 이는 그들이 원하는 치료가 미국보다 해
외에서 더욱 저렴하거나 다른 나라에서만 가능하기 때문이다. 미
국 의료 시장을 조사 연구한 결과, 줄기세포 치료 병원이 2012년
에 90만 달러에서 2016년에 1130만 달러로 시장 거래가 크게 확
대된 것으로 나타났다.

줄기세포의 가장 중요한 특징 두 가지는 자기 재생과 새로
운 유형의 세포로 변화하는 능력이다. 줄기세포는 세포 증식을
통해 수많은 딸세포를 만들어 낸다. 이들 딸세포는 필요에 따라
분화하거나 새로운 유형의 세포로 변화할 수 있다. 수정란이 처
음으로 분열할 때 형성되는 배아에서 추출한 줄기세포는 '배아
줄기세포'로 불리며 뛰어난 복제 능력을 지닌다. 배아 줄기세포

줄기세포 분화 과정

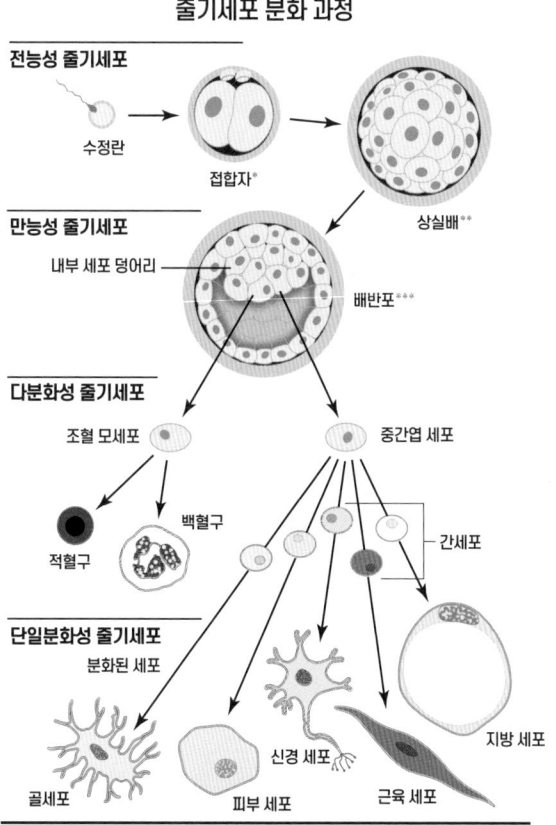

전능성 줄기세포

수정란

접합자*

상실배**

만능성 줄기세포

내부 세포 덩어리

배반포***

다분화성 줄기세포

조혈 모세포

중간엽 세포

적혈구

백혈구

간세포

단일분화성 줄기세포

분화된 세포

지방 세포

골세포

신경 세포

피부 세포

근육 세포

출처 : 머레이드 헤이즈, 제라드 컬리, 빌랄 안사리, 존 G. 라피, "임상 보고 : 급성 폐손상, 급성 호흡곤란 증후군의 줄기세포 치료 _ 희망이야 과대광고야?", 중환자 관리 16, 205호(2012), https://ccforum. biomedcentral.com/articles/10.1186/cc10570.

줄기세포는 우리 몸을 구성하는 원료다. 특수한 기능을 가진 다른 모든 세포가 줄기세포에서 만들어진다. 만능성 줄기세포는 신체가 필요로 하는 세포나 조직으로 발전할 수 있다. 배아 줄기세포는 만능성 줄기세포다. 다분화성 줄기세포는 다양한 세포로 발전할 수 있지만, 만능성 줄기세포보다는 제한적이다. 단일분화성 줄기세포는 근육 세포 같은 특정한 세포 유형으로만 발전할 수 있다.

는 어떤 종류의 성체 세포로도 분화할 수 있다. 반면에 '성체 줄기세포'는 성장한 체세포로 만든 줄기세포로, 분화나 증식 능력이 떨어지는 단점이 있다.

재생의학에서는 분화 과정에 있는 줄기세포를 이용해 손상되거나 병든 조직을 재생시킨다. 줄기세포 연구는 인체를 대상으로 한 임상 시험이 시작될 만큼 발전했다. 학자들은 척수 손상, 제1형 당뇨병, 파킨슨병, 근위축성측색경화증(루게릭병), 알츠하이머병, 심장병, 뇌졸중, 화상, 암, 골관절염에 필요한 줄기세포 치료법을 이미 연구하고 있다. 문제는 비윤리적인 줄기세포 치료 병원들이 효능이나 안전성 연구를 하지 않은 채 돈벌이에 나서서 그동안 이 분야에서 거둔 성과를 무너뜨린다는 것이다. FDA는 다음과 같은 경고문을 발표했다. "줄기세포를 이용한 제품은 수많은 질병과 질환을 치료할 수 있는 잠재력을 가지고 있습니다. 하지만 거의 모든 줄기세포 제품은 효능이나 안전성에 대해서 아직 알려진 바가 없습니다."

FDA가 승인한 줄기세포 제품은 탯줄에서 추출한 조혈 줄기세포뿐이다. 줄기세포 치료에는 많은 위험이 따른다. 줄기세포는 잘못된 세포로 분화할 수도 있고, 특정 세포로 분화하더라도 작

---

*두 배우자의 합체라는 유성 생식의 결과 만들어진 생식 세포.

**수정란이 세포 분열하여 덩어리로 발달한 것.

***포유류의 초기 발생에서 자궁에 착상하는 단계의 배아.

동하지 않을 수 있다. 또한 줄기세포는 비정상적으로 자라거나 면역 반응을 일으키거나 종양을 키울 수도 있다. 소비자는 FDA가 승인한 치료제나 신약에 대한 임상 시험을 신청해 둔 연구만을 고려해야 한다. 그렇게 제출된 임상 시험 계획은 FDA가 그 진행 여부를 결정하게 된다. 임상 시험에 참여하는 환자는 비용을 지불하지 않아도 된다.

노화로 일어나는 황반 변성은 주로 50대 이상의 중·노년층에 나타난다. 황반 변성은 선진국에서 가장 흔한 눈 질환으로, 시각 장애 사례의 절반 이상을 차지한다. 안구 가장 깊숙한 부위에 망막이 자리 잡고 있는데, 망막 한가운데를 '황반'이라고 한다. 황반은 빛과 색을 감지하는 시세포가 집중되어 있어 시력에 가장 중요한 역할을 한다. 황반 변성은 황반의 시세포가 빛과 색을 감지할 수 없는 흉터 등의 조직으로 대체되어, 시력이 떨어지는 것을 말한다.

줄기세포를 이용해 노화로 일어나는 황반 변성을 치료할 수 있는지 알아보는 소규모 임상 시험에서 캘리포니아대학교 샌타바버라캠퍼스 연구진은 줄기세포로부터 망막 색소 상피 세포(시력에서 중요한 역할을 하는 망막 바깥쪽의 단일 세포층)를 만들었다. 연구진은 런던에 있는 무어필드안과병원의 전문의들과 함께 특별 제작된 수술 도구를 이용해 두 환자의 망막 밑에 상피 세포 조각을 삽입했다. 한두 시간 동안 진행된 수술은 대성공을 거두었다. 돋보기를 쓰고서도 글자를 읽는 데 어려움을 겪던 86세의 남성과 60대 초반의 여성은 일반 안경을 쓰고 1분에 60~80단어를 읽는 수준까지 시력이 향상됐다. 연구진은 이 연구가 노화에 의한 황반 변성으로 고생하는 사람들에게 새로운 치료법을 마련해 주었다고 밝혔다.

이러한 연구는 FDA와 전 세계 관계 부처의 규제를 받으며 더디지만 체계적인 과정을 밟는다. 처음에는 대조군(임상 시험을 받지 않는 환자들)을 두고 소수의 환자가 한쪽 눈만 수술 받았으며 오랜 후속 치료가 이어졌다. 이 연구 논문은 수술 이후에 두 명의 피험자를 12개월 동안 관찰하고 나서 작성되었다. 이런 치료법이 엄격한 시험을 거치고 안전하게 의료 시장에 나오려면 오랜 시간이 걸린다.

하지만 일반 줄기세포 치료 병원은 아무런 규제도 받지 않는다. 이들 병원은 FDA의 승인 절차를 교묘히 피하면서 수술 환자를 끌어들이기 위해 잘못된 연구 결과를 이용하거나 앞에서 언급한 임상 시험 결과를 이용하기도 한다. 또한 강매 수법까지 써서 환자를 끌어모은다. 이를테면 현장 할인, 감정에 호소하는 환자의 경험담을 담은 동영상, 허울뿐인 환자 모집 광고 따위다. 수술 비용은 2000달러에서 2만 달러에 이른다. 비용을 마련하기 힘든 환자에게는 고펀드미GoFundMe 같은 온라인 모금 사이트를 통해 친척과 친구들에게 모금을 받으라는 조언까지 한다. 2019년 6월에 발표된 줄기세포 병원의 실태에 관한 연구에 따르면, 절반이 넘는 병원이 자기네 병원 광고에 소개된 것처럼 숙련된 의사를 실제로는 고용하지 않은 것으로 드러났다.

조지아 줄기세포센터는 애틀랜타주 교외에 있는 한 건강센터 안에 있다. 2008년에 설립된 이곳은 보톡스 치료와 레이저를 이용한 제모를 비롯해 각종 미용 시술을 전문으로 한다. 2014년 이 센터는 진료 과목에 줄기세포 치료를 넣었다. 도리스 타일러라는 여성이 노화에 의한 황반 변성으로 시력을 잃어 가고 있었다. 2016년 이 여성은 조지아 줄기세포센터에 줄기세포 치료를 받겠다고 신청했다. 의료진은 환자의 지방에서 줄기세포를 추출해 눈에 주입하면 황반 변성의 진행을 막고 치료까지 된다고 주장했다. 이 여성은 조지아 줄기세포센터에서 황반 변성 수술을 받은 첫 환자였다.

수술 뒤 닷새 만에 조지아 줄기세포센터는 페이스북에 수술의 성공을 대대적으로 홍보하고 황반 변성 환자들에게 예약을 권유했다. 하지만 이 여성의 눈은 점점 침침해졌고, 몇 차례 교정 수술을 받았지만 얼마 지나지 않아 시력을 완전히 잃었다. 이 여성과 남편은 의료진을 상대로 소송을 제기했다. 세 명의 다른 여성 환자도 플로리다주의 한 줄기세포 병원에서 같은 수술을 받고 시력을 잃었다. 병원 측은 세 사람과 합의를 본 뒤에 안구 주사 수술을 중지했다. 그런데도 그 병원은 플로리다 중부의 노인 생활 공동체에 새로 병원을 열면서 확장해 나갔고, 줄기세포를 이용한 발기 부전 치료를 진료 과목에 추가했다.

줄기세포 병원은 환자 본인에게서 줄기세포를 채취함으로써 줄기세포가 신약으로 분류되지 않기 때문에 FDA의 규제를 받지 않는다. 하지만 FDA는 눈, 척수, 뇌에 줄기세포를 주입하는 것과 같은 위험한 수술을 하는 병원을 엄중히 단속하겠다고 말했다. 줄기세포 병원과 의료진은 '치료된' 환자들의 경험담을 수술이 효과를 거둔 증거로 들면서, 자신의 건강을 결정할 권리가 환자에게 있다고 주장하며 실험적 치료를 당국이 허용해야 한다고 말한다. 이에 동의하지 않는 앨버타대학교 보건법 교수인 티모시 콜필드는 이렇게 말한다. "사실상 그들이 팔고 있는 것은 헛된 희망입니다. 그들은 합법적이고 발전적인 과학 분야를 이용해 치료가 절실한 환자를 희생양으로 삼고 있어요." 재생의학 연구자들은 이런 병원들이 지난 수십 년 동안 쌓아 온 합법적인 연구의 명성을 더럽히지 않을까 우려한다.

RULE 18

환자를 모집하기 위해 현장 할인, 감정에 호소하는 환자의 경험담을 담은 동영상, 허울뿐인 환자 모집 광고 등의 강매 수법을 동원하는 병원은 조심해야 한다.

과학자들은 의학 혁명으로 가는 문을 열 새롭고 유망한 실마리를 늘 찾고 있다. 하지만 쥐를 대상으로 한 연구를 사람에게 적용하여 환자를 치료할 수 없는 점, 달갑지 않거나 위험한 부작용이 따르는 치료법처럼 대개는 막다른 길에 이르고 만다. 이 중에 돌팔이 의사에게 걸림돌이 될 만한 것은 하나도 없다. 그들은 자신들의 책략을 합법적 연구를 통해 얻은 의학계의 결과물과 엮을 방법만을 늘 궁리해 왔다.

노화를 예방한다_개체결합

1864년, 프랑스의 생리학자 폴 베르는 흰쥐 두 마리의 옆구리 피부를 벗겨 낸 뒤 서로 붙이는 수술을 해서 산모와 태아처럼 순환계를 공유하게 하는 실험을 했다. 그는 한 쥐에게 약물을 주입한 다음 그것이 다른 쥐에게로 흘러 들어가는 과정을 보여 주었다. 이는 서로 다른 두 개체의 피부를 연결하여 체액을 공유하게 하는 최초의 '개체결합' 실험이었다. 개체결합을 뜻하는 영어 패러바이오시스parabiosis는 그리스어에서 나온 말로 'para'는 '나란히'를, 'bios'는 '생명'을 뜻한다.

개체결합 기술은 코넬대학교 축산학과 교수인 클라이브 매케이에 의해 젊은 피가 늙은 조직에 활력을 준다는 사실이 밝혀지면서 의미심장하게 부활했다. 1956년, 그가 이끄는 연구진은 젊은 쥐와 늙은 쥐를 한 마리씩 짝지어 69쌍을 개체결합했다. 이 실험은 연구진이 '개체결합병'이라 부른 알 수 없는 질환으로 11쌍이 죽으면서 큰 성공을 거두지는 못했고, "두 쥐가 서로 적응하지 못하면 한 녀석이 다른 녀석의 머리를 물어뜯어 죽게 만든다."는 사실만 확인했다. 그 뒤 이들의 연구는 순환계 공유가 늙은 쥐의 골밀도를 높인다는 사실을 보여 주었다. 1970년대에는 혈관계를 공유하면 늙은 쪽의 수명이 연장될 수도 있다는 사실이 다른 연구진에 의해 밝혀지기도 했다. 하지만 동물 연구에 대한 제도적 승인이 까다로워지면서 이 분야의 인기는 떨어졌다.

그런데 최근 몇 년 동안 쥐를 이용한 새로운 연구에서 잠재적으로 유망한 결과가 나옴에 따라 모든 것이 바뀌었다. 연구진은 실험에 이용되는 쥐들끼리 잘 지내게 하려고 개체결합을 하기 전에 사회성을 키워 주었다. 또 성별이 같고 몸집이 비슷한 쥐끼리 결합시켰다. 젊은 쥐의 순환계를 늙은 쥐의 순환계에 연결하자 늙은 쥐는 더욱 건강하고 활발하고 힘이 좋아졌으며 털에도 윤기가 흘렀다.

하버드대학교 줄기세포 및 재생생물학과 교수인 에이미 웨이저스의 연구실에서 진행한 초기 연구는 젊은 쥐의 피에서 발견된, 노화를 막아 주는 역할을 하는 단백질인 'GDF11'이 개체결합 이후 늙은 쥐에게서 나타난 운동 능력 향상의 요인일 수 있다는 점을 보여 주었다. 웨이저스는, "우리가 하는 일은 동물의 노화를

개체결합은 살아 있는 두 생물을 연결한다는 뜻으로, 서로 다른 두 개체의 피부를 연결하여 체액을 공유하게 함으로써, 개체 사이에 체액 및 혈관을 타고 이동하는 신호 전달 매개체의 기능을 연구하는 방법으로 사용되고 있다. 개체결합은 실험용 쥐에서 기대되는 결과를 보여 줬으나 이런 결과가 사람에게도 적용된다는 보장은 없다.

막는다기보다 조직의 기능을 회복시키는 거예요."라고 말한다.

2014년, 스탠퍼드대학교 신경학자인 토니 위스-코레이와 동료 학자들은 국제 학술지인 〈네이처 메디신Nature Medicine〉에 발표한 논문에서 젊은 쥐의 혈장이 늙은 쥐의 신경 성장을 자극해 뇌와 장기가 다시 젊어졌다고 밝혔다. 위스-코레이는 "피를 몽땅 바꿀 필요가 없었어요. 혈장은 약물과 같은 힘을 갖고 있었죠."라고 말했다. 이런 결과를 바탕으로 그들은 바이오테크 기업인 알카헤스트를 세웠다. 알카헤스트는 개체결합이 알츠하이머병과 파킨슨병에 효과가 있는지를 알아보는 임상 시험을 하는 중이다. 알카헤스트는 병원을 차리는 데는 관심이 없다. 이 기업의 목표는 노화와 관련된 질병의 치료제를 개발하는 것이다. 위스-코레이는 "치료가 도움이 되리라는 임상적 증거가 없다면…… 그렇다는 것은 사람들의 신뢰와 대중의 기대를 악용하는 거나 다름없겠죠."라고 말한다.

일부 병원에서는 이런 연구를 들먹이며 나이 든 환자에게 젊은이의 피를 수혈한다. 수혈받는 피가 건강한 젊은이에게서 나왔다는 것과 유망한 쥐 실험 데이터가 극적으로 결합하면 나이 든 환자는 충분히 젊어진 기분을 느끼게 된다.

2019년 동료 심사를 받지 않는 미국의 남성용 건강 전문 잡지 〈남성 건강Men's Health〉은 '노화를 막기 위해 젊은이의 피를 수혈받는 사람들'이라는 제목의 기사를 실었다. 이 기사는 8000달러 정도를 내면 16~25세의 젊은 헌혈자에게서 채취한 약 2리터의 혈장을 주입해 주는 기업인 암브로시아에 대해 다룬다. 약 2리터의 혈장을 투여받는 데는 하루에서 이틀 정도 걸린다.

암브로시아를 설립한 제시 카르마진은 약 150건의 혈장 주입을 실시했고, 1년에 한 번의 시술로 많은 환자가 컨디션이 좋아지고, 기억력도 향상되고, 잠도 잘 자게 되었다고 했다. 카르마진은 치료비를 낸 81명의 환자에 대해 사전 검사를 했다고 주장한다. 2017년의 연구는 알츠하이머병, 심장병, 염증에 대한 지표의 개선을 보여 주었지만, 그 뒤로 2021년까지는 발표된 자료가 없다. 암브로시아 웹사이트에 들어가면, 환자는 인근의 의사에게 본인의 피를 보낼 수 있고, 회사는 페이팔PayPal이라는 온라인 결제 수단으로 돈을 받는다. 이들 병원은 기본적으로 수혈을 하기 때문에 모든 절차는 자동으로 FDA의 승인을 받게 된다. 따라서 암브로시아는 자기네 치료법이 환자에게 어떤 도움을 주는지 밝힐 필요가 없다.

혈액학자이자 종양학자인 디프나린 마하라지는 자신이 진행하는 임상 시험에 참가하는 비용을 크게 올렸다. 28만 5000달러를 내면 환자는 젊은 헌혈자에게서 채취한 혈장을 다달이 투여받을 수 있다. 이들 젊은 헌혈자에게는 골수를 활성화해 더 많은 백혈구와 줄기세포를 만들도록 고안된 약물이 주입된다.

미국 의학 전문 매체 〈스탯Stat〉에 올라온 기사에 따르면, 과학 저널리스트인 레베카 로빈스가 여덟 명의 독자적인 전문가에게 마하라지가 내놓은 임상 시험 유인물을 검토해 달라고 요청했다. 전문가들은 마하라지가 진행하는 연구의 과학적 근거를 비판했다. 캘리포니아대학교 버클리캠퍼스의 세포 및 분자생물학자로 개체결합을 연구한 적이 있는 마이클 콘보이는 "돌팔이 냄새가 납니다. 임상 시험이 효과가 있을 거라는 증거가 전혀 없어요."라는 의견을 밝혔다. 로빈스가 값비싼 임상 시험의 과학적 근거를 요청하자 마하라지는 연구의 핵심이 되는 여섯 편의 논문을 제출했다. 그중 세 편의 논문의 공동 저자인 에이미 웨이저스는 자기 팀의 연구가 마하라지의 임상 시험에 과학적 근거를 제공한다는 주장에 동의할 수 없다고 전했다.

오즈 박사의 '닥터 오즈 쇼'

미국의 비영리 언론 교육 기관이자 미디어 연구 기관인 포인터 연구소의 켈리 맥브라이드 부소장은 가짜 의학 뉴스만큼 흔하면서도 나쁜 가짜 뉴스는 없다고 말한다. 줄기세포와 개체결합의 사례에서 보듯 수많은 가짜 뉴스는 일확천금을 노리는 돌팔이와 사기꾼에게서 나온다. 하지만 상당수의 가짜 뉴스는 기자와 텔레비전 진행자가 만들어 낸다. 맥브라이드에 따르면, 이들 언론인은 "저널리즘은 새로운 것과 진일보한 곳의 정보를 단순화해서 배포하는 데 최대한 노력을 기울인다. 제대로 된 증거를 찾으려면 오랜 시간이 걸리는 과학적 과정과는 양립할 수 없는 점이다. 좋은 정보는 정말 지루할 수도 있다."라는 사실 때문에 고심한다.

건강과 관련된 미국의 유명한 쇼 프로그램 '닥터 오즈 쇼^{Dr. Oz Show}'는 하루 시청자가 400만 명으로 추산된다. 진행자인 메흐메트 오즈는 '오프라 윈프리 쇼'에 출연한 것을 계기로 인기를 얻어 2009년에는 자신의 이름을 내건 쇼 프로그램까지 따냈다. 오즈는 시사 주간지 〈타임〉과 남성 패션 잡지 〈에스콰이어〉에서 선정한 '가장 영향력 있는 사람들'에도 이름을 올렸다. 세간의 이목을 끌고 시청자의 마음을 사로잡기 위해 오즈는 무모한 주장을 하고 자극적인 의학 정보를 제공했다. 2014년 〈영국 의학 저널 British Medical Journal〉에 실린 연구 결과는 2013년에 방송한 '닥터 오즈 쇼'에서 무작위로 뽑은 40편의 내용을 검토했다. 그 결과 오즈가 추천한 의학 정보 가운데 15%가 동료 심사를 받는 의학 학술지의 내용과 전혀 맞지 않았으며, 그의 주장 가운데 39%는 아무런 증거도 없는 것으로 밝혀졌다.

〈영국 의학 저널〉뿐만 아니라 다른 학술지에도 오즈의 이름이 거론되었다. 2013년 〈식생활과 암Nutrition and Cancer〉이라는 학술지에는 '현실 검증 : 세상에 기적의 식품이란 없다'라는 논문이 실렸다. 이 논문은 난소암 위험을 줄일 수 있는 '기적의 식품'에 관해 오즈가 한 발언을 다루었는데, 오즈의 주장에는 이를 뒷받침할 아무런 의학적 증거가 없음을 의사와 환자들에게 알려서 경각심을 주려는 목적으로 작성된 것이었다. 오즈는 텔레비전 쇼를 이용해 시청자를 속이고 다이어트 보조제를 판매했다는 이유로 미국 상원의 소위원회와 연방거래위원회의 징계를 받기도 했다. 그는 텔레비전 쇼에서 홍보했던 제품과 관련한 상업적 이해관계에 대해서는 거의 밝히지 않았다.

이와 같은 비판에 대해 오즈는 언론의 자유를 들먹이며 자신을 무너뜨리려는 세력의 로비에 의한 음모라고 맞섰고, "사람들이 내가 의사이고, 대중의 삶에 들어가 도움을 주고 싶어 한다는 걸 알아줬으면 합니다. 닥터 오즈 쇼는 의학 쇼가 아닙니다."라고 말했다. 하지만 그는 쇼에서 '닥터 오즈'로 불리며 수술복을 입고 의학적 조언을 제공했다. 온갖 항의문과 탄원서가 제출되었

메흐메트 오즈는 수많은 청중을 몰고 다닐 만큼 인기 있는 명사로 꼽힌다. 2014년에 그는 효과가 의심스러운 체중 감량 보조제를 홍보했다는 이유로 의회의 소비자 보호 소위원회의 심문을 받았다. 의원들은 오즈가 텔레비전 쇼에서 과학적으로 타당한 의학적 조언을 제공할 수도 있었다고 지적했지만, 오즈는 자신이 선전한 제품의 효과를 믿는다는 답변을 내놓았다.

고 소환장이 발부되었지만, 오즈는 여전히 백신 접종 거부자를 자신의 쇼에 초대 손님으로 부르고, 기적의 영약(만병통치약), 동종 요법, 가상의 에너지, 죽은 사람과 대화하는 심령술 등을 다뤘다.

그는 '기적'이나 '마법'이라는 말을 자주 사용했다. 2018년에는 '별자리로 보는 건강운'이라는 주제로 방송을 진행하면서 한 사람의 별자리가 건강에 관해 어떤 정보를 줄 수 있는지 점성술사에게 물었다. 쏟아지는 악평과 사기 수법이 명백했음에도 닥터 오즈 쇼의 시청률은 점점 올라갔다. 2018년에 그는 데이타임 에미상*을 받았고, 2019년에는 이 프로그램이 중국에서도 방송됐다. 2018년 5월, 당시 대통령이던 도널드 트럼프는 오즈를 대통령 체육위원회의 위원으로 임명했다. 오즈는 열 권의 책을 펴냈으며 잡지도 발행하고 있다.

오즈는 자신이 한낱 방송인에 불과하다고 주장하지만 그의 쇼를 보는 수많은 이들은 그의 의학적 조언을 심각하게 받아들인다. 2020년 3월 17일, 프랑스의 연구원들은 코로나19 치료에 말라리아 치료제인 하이드록시클로로퀸이 잘 듣는다고 추천하면서 사전 인쇄된 임상 논문을 온라인에 게재했다. 논문은 초기 단계였고 중대한 결함을 갖고 있었다. 그런데도 오즈는 이 연구를 열렬히 홍보했다. 말라리아 치료제인 하이드록시클로로퀸과 클로로퀸에 대한 오즈의 잘못된 홍보 때문에 트럼프 대통령도 이를 홍보하게 됐고, 마침내 하이드록시클로로퀸을 코로나19 예방약으로 지정하기에 이르렀다.

FDA는 대통령으로부터 압력을 받자, 비상 권한을 발동해 하이드록시클로로퀸의 사용을 허용했다. 하이드록시클로로퀸은 코로나19 예방약으로 검증받거나 승인받은 약물이 아니므로 비상 권한을 발동할 수밖에 없었다. 이 때문에 자가 면역 질환**을

---

* 낮에 방영되는 프로그램의 진행자나 배우를 후보로 올리는 에미상.

**인체의 면역 체계가 이상을 일으켜 자신의 세포를 나쁜 세균이나 바이러스로 잘못 인식해 공격하면서 일어나는 질환.

치료하기 위해 하이드록시클로로퀸을 사용하는 사람들 사이에서 공급 부족 사태까지 벌어졌다. 또 가능성 있는 치료제의 임상 시험 신청 건수도 줄고, 미국과 나이지리아에서 클로로퀸 과다 투약과 관련된 질병 및 사망 보고가 잇따랐다.

WHO는 말라리아 치료제를 코로나19의 임상 시험에만 쓸 수 있다고 권고했다. 미국 국립보건원은 하이드록시클로로퀸과 클로로퀸의 사용을 찬성하거나 반대하기에는 자료가 충분치 않다고 발표했다. 존스홉킨스대학교 응급의학 연구원인 로렌 사우어는, "의사는 환자에게 뭔가를 제공해야 하기에 이들 약물을 시도했을 뿐인데, 몇 가지 일화가 증거로 둔갑한 것 같습니다."라고 말했다. FDA가 비상 권한을 발동하고 나서 하이드록시클로로퀸과 클로로퀸에 대한 100건 이상의 임상 시험에 10만 명이 넘는 환자가 신청했다. 하지만 어떤 임상 시험도 긍정적인 결과를 보여 주지 못했고, 나머지 임상 시험은 대부분 취소되었다.

 RULE 19

텔레비전 쇼는 엄청난 양의 가짜 뉴스를 만들어 낸다. 각종 쇼는 대중의 관심을 끌기 위해 새롭고 자극적이지만 꼭 정확할 필요는 없는 정보를 찾는다. 텔레비전 쇼에 나오는 방송인을 여러분의 의료 소식통으로 삼아서는 안 된다.

의료 시스템의 빈틈을 파고드는 웰니스 산업

오즈는 '웰니스Wellness' 예찬론자다. 웰니스는 정의하기 어려운 개념이지만, 많은 이들은 웰니스를 단순히 병에 걸리지 않은 상태라기보다 모든 면에서 잘 지내고 긍정적인 상태라고 생각한다. 웰니스가 반드시 의학은 아니지만, 의료 산업이 남긴 몇 가지 공백을 메운다. 웰니스가 인기를 모으는 것은 바쁘고 스트레스가 많은 현대인의 삶에 대한 반응일 수도 있고, 더 나아가 의학의 상업화에 대한 반발일 수도 있다. 2017년 웰니스 산업의 규모는 4조 2000억 달러에 이르렀다. 그중 개인의 건강 관리, 미용, 노화 부문이 차지하는 규모는 1조 800억 달러로, 이는 제약 산업을 능가한다.

여성은 웰니스 마케팅에서 중요한 고객이다. 의사는 자신의 건강 문제를 얘기하려는 환자, 특히 여성 환자에게 짬을 내기 힘들 때가 있다. 플로리다대학교와 메이오클리닉의 연구진은 의사와 환자 사이에 오간 대화를 관찰한 결과, 환자가 치료받으려는 이유를 설명할 때 의사가 말을 끊기 전까지 평균 11초가 주어진다는 사실을 발견했다. 앨버타대학교의 콜필드 교수는 "의사의 조언이 아무리 타당하다고 해도 의사가 자기 말을 듣고 있지 않다는 느낌이 든다면 문제죠. 특히 여성이 제기하는 문제는 심각하게 받아들여지지 않는다는 증거도 있어요."라고 말한다.

사람들이 웰니스 사기에 걸려드는 이유를 이해하기 위해 콜필드는 수많은 웰니스 전문가를 만나 봤다. 그는 이렇게 전한다. "반사 요법, 침술, 기 치료, 부항 요법처럼 의료 대안이 되는 다양한 분야의 전문가를 찾아가 봤어요. 거의 예외 없이 긍정적인 경험이었죠. 하나같이 열심히 귀를 기울여 주는 거예요. 기존의 병원 진료에서는 언제나 비참하기 그지없는 경험이었는데 말이죠."

중압적인 의료 시스템이 불러온 공백을 웰니스 전문가와 웰니스 사기꾼이 채우고 있다. 역사적으로 볼 때 과학, 특히 의학은 여성을 등한시해 왔다. 그리고 이 점을 이용하는 이들도 있다. 여성건강연구회Society for Women's Health Research 회장인 에이미 밀러는 "여성의 건강에 관한 한, 우리가 모르는 것이 많아요. 기껏 15~20년 전부터 의학 연구에 여성을 넣기 시작했는데, 그건 널리 통용되는 약들이 여성을 대상으로는 연구되지 않았을 수도 있다는 뜻입니다. 우리는 이런 약이 남성의 몸에 효과가 있는 것처럼 여성의 몸에도 효과적인지 어떤지 모릅니다. 제약 시장에는 여성을 대상으로 한 것이 아예 없는 영역도 있어요."라고 말한다.

미국 국립보건원은 2016년이 되어서야 연구비 지원을 받는 모든 연구자들에게 수컷 쥐와 암컷 쥐를 모두 실험에 이용하고, 조직 세포도 수컷 쥐와 암컷 쥐의 것을 모두 연구에 이용하도록 했다. 사람들, 특히 여성들이 다른 곳에서 의학적 해결책을 찾으려 하고 사이비 과학에 빠지는 것은 어찌 보면 당연한 일이다.

2019년 패션지 〈마리끌레르Marie Claire〉에 실린 '웰니스 산업이 여러분을 낫게 해 주지는 않습니다'라는 제목의 기사는, 어떤 신체는 좋은 것으로 다른 신체는 나쁜 것으로 분류하면서 많은 이들이 엄두도 못 낼 만큼 값비싼 제품과 서비스를 홍보하는 웰니스 산업의 문제점을 한눈에 보여 준다.

웰니스 산업은 돈을 벌기 위해 과학을 왜곡하는데, 환자뿐 아니라 과학에도 손상을 입힐 수 있다. 웰니스를 이 책에서 다루는 이유는, 지금까지 웰니스 산업이 보여 준 행태로 보아 의료 시스템이 만들어 낸 공백을 웰니스가 채우지 못할 것이기 때문이다. 웰니스는 그런 공백을 부당하게 이용하고 있을 뿐이다.

활성탄은 웰니스 산업이 줄기세포 병원이나 개체결합 병원과 마찬가지로 합법적인 과학을 이용해 어떻게 큰돈을 벌어들이는지를 보여 주는 좋은 사례다. 화학자들은 용액에서 오염 물질과 불순물을 제거하는 필터로 활성탄을 이용한다. 활성탄은 표면적이 아주 넓어서 흡착을 통해 오염 물질을 제거할 수 있다. 흡착은 물질의 얇은 층이 다른 물질의 표면에 달라붙는 과정을 말한다. 응급실 의사들은 위험 물질에 중독된 환자를 처치할 때 활성탄을 이용한다. 활성탄은 위장을 통과하면서 좋은 것이든 나쁜 것이든 소화관에 있는 모든 무극성 물질(물과 섞이지 않는 물질)을 결합해 대변으로 내보낸다. 만약 여러분이 실수로 독극물을 삼켰다면 이 방법이 잘 통할 것이다. 하지만 흔히 '닥터 오즈 쇼' 같은 텔레비전 쇼나 건강 블로그에서 말하는 것처럼 활성탄이 숙취를

요즘 유행하는 건강 트렌드는 숯이 함유된 치약으로 이를 깨끗하고 희게 만드는 것이다. 하지만 치아 건강 전문가들은 날마다 쓰기에는 숯 치약이 너무 거친 데다 얼룩을 없애지 못할 수도 있고, 장기적인 효과에 대해서는 알려진 바가 없다고 말한다. 그런데도 일부 치약 제조사는 안전하고 효과적인 치아 미백 및 세정 제품이라고 숯 치약을 광고한다.

해소하고, 알코올 중독을 치료하고, 복부 팽만을 없애고, 노화를 방지하고, 콜레스테롤 수치를 개선해 주지는 못한다.

웰니스의 대부로 잘 알려진 데이브 애스프리는 블로그에 이런 글을 올렸다. "장거리 여행, 환경 오염, 불량 식품으로 여러분 몸속에는 독소가 쌓일 것이다. 감당하기 힘들 만큼 독소가 쌓이면 활성탄이 완벽한 해법이다. 독극물 흡착부터 체취 제거에 이르기까지 활성탄은 독소로 생긴 몽롱함과 피로를 없애는 데 효능이 있다." 이 글은 활성탄이 위장 속에 있는 항산화 물질, 약물, 비타민을 포함한 모든 무극성 분자를 가리지 않고 흡착한다는 사실을 언급함으로써 숯이 체내의 다른 기관에도 영향을 줄 수 있다는 확신을 독자에게 심어 준다.

하지만 마시는 활성탄은 순환계로 넘어가 환자의 혈액에 있는 독소를 흡착할 수 없다. 그런데도 '오류적 진실 효과*'로 불리는 심리 현상 때문에 애스프리의 블로그 게시 글을 읽은 사람들은 활성탄에 대한 지식(활성탄이 혈액의 독소를 흡착할 수 없다는 사실)을 갖고 있더라도 그의 말에 일리가 있다고 고개를 끄덕이게 된다. 환자는 사실인 것처럼 들리는 정보를 한 번만 듣고도 숯 스무디처럼 임상적으로 입증되지 않은 웰니스 제품을 충동적으로 구매할 수 있는 것이다.

가짜 과학을 팔아먹고 사는 돌팔이

과학의 복잡한 속성, 광범위한 소셜 미디어, 넘쳐나는 오보 덕분에 파렴치한 돌팔이가 사이비 과학을 팔아먹는 일이 더욱 쉬워졌다. 이들 돌팔이는 피해자를 속여 돈을 빼앗는 것 말고도 과학적 불확실성을 조장하고 과학과 과학자에 대한 대중의 신뢰를 무너뜨린다. 입증되지 않은 신기술을 받아들이고 '자연 치료'를 시도하도록 유도해 중병에 걸린 환자가 효과적인 치료 시기를 놓치게 만들 수도 있다. FDA와 연방거래위원회의 웹사이트에는 정기적으로 업데이트되는 건강 관련 가짜 뉴스를 알리는 페이지가 있다. 필자는 FDA의 경고 가운데 일부를 법제화하는 일을 하고 있다.

---

*거짓 정보에 반복적으로 노출되면 거짓을 진실이라고 믿는 경향.

RULE 20

'과학적 성과', '기적의 치료', '비밀 성분', '고대의 치료법'과 같은 말이나 제품이 '천연적'이라거나 '무독성(꼭 안전하다는 의미가 아니다)'이라는 주장이 담긴 광고문은 경계해야 한다. 화학 물질이 다 나쁜 것은 아니며, 또 천연 물질이 다 좋은 것도 아니다.

돌팔이는 사람들의 자유주의적이고 개인주의적인 사고방식, 부유한 의사들에 대한 분노, 최신 정보를 얻고 싶은 욕구에 호소한다. 의사는 과학적으로 입증된 방법을 치료에 이용하지만, 돌팔이는 비과학적인 주장을 하고 사회가 그런 주장을 반증하도록 요구한다. 그래서 가장 악질적인 사기 행위조차 법정에 세우기가 쉽지 않다. 이를 막아 내려면 과학적 지식과 비판적 사고로 무장해 가짜 뉴스가 설 자리를 주지 말아야 한다.

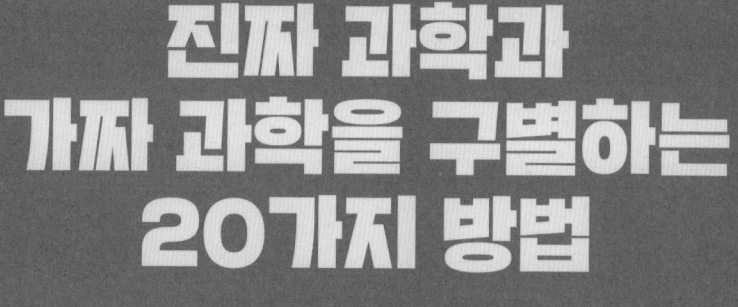

진짜 과학과
가짜 과학을 구별하는
20가지 방법

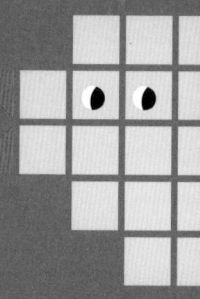

과학은 본래 나쁘거나 해를 주는 것이 아니다. 하지만 사람들이 과학에 어설프게 접근하고, 과학을 잘못 전달하고, 과학 본래의 목적이나 범위를 벗어나 함부로 이용하기가 쉽다. 과학이 성장하고 더 많은 지식을 발견하면서 이러한 남용 사례도 그만큼 늘고 있다. 이는 민감한 문제를 두고 과학자와 일반 대중이 합의점을 찾는 사회적 분위기 대신 과학에 대한 불신으로 이어진다. 과학을 불신하는 태도는 일관적이기보다는 그때그때 달라진다. 과학을 부정하는 사람들도 아프면 대개는 의사에게 진료를 받고, 비행기가 하늘에서 떨어지지 않을 것이라고 믿으며, 자신이 내리려는 층에 엘리베이터가 멈춰 설 것이라 믿는다.

'과학을 위한 행진(March for Science)'은 과학에 대한 부정적 시각, 의도적인 공포감 조성, 언론의 거짓 균형에 맞서 과학을 지지하는 수많은 조직 가운데 하나다. http://marchforscience.org에서 '과학을 위한 행진'의 정보를 더 얻을 수 있다. 과학을 육성하고 중요한 문제에 과학을 바탕에 둔 해결책을 적용하는 세계 여러 나라 기관도 확인할 수 있다.

과학자가 그들을 믿지 않는 부정론자의 마음을 돌리려면 이들과 소통하는 법을 배우고 과학에 대해 더 많은 얘기를 나눌 필요가 있다. 과학자는 텔레비전 인터뷰, 페이스북과 트위터 게시글이 믿을 만한지 즉석에서 평가하는 인공지능 앱을 개발할 수도 있다. 언론은 또한 과학적 발견에 대하여 비주류적 견해를 가진 사람들에게도 합법적인 과학자와 같은 시간을 할애해 '거짓 균형'을 보여 주는 접근법을 피해야 한다.

최근 일반 대중이 과학 지식을 접할 기회가 많아진 것은 매우 큰 이점이지만 불리한 점도 많다. 과학자가 가진 고유한 권한마저 인터넷에 빼앗기고 있는 상황이다. 웹에 있는 모든 과학이 검증된다면 그다지 문제가 되지 않을 테지만, 가짜 뉴스가 인터넷에 널리 퍼지면서 문제가 심각해졌다. 동료 심사를 받는 연구는 흔히 인터넷에서 유료 서비스로 제공된다. 열람 비용이 만만치 않은 데다 일반인들로서는 쉽게 접근할 수도 없다. 쉽게 찾을 수 있는 자료와 명쾌하게 설명해 놓은 기사는 과학자가 썼을 가능성이 거의 없다. 기자와 텔레비전 쇼의 프로듀서도 좋은 과학과 나쁜 과학을 구별하지 못할 때가 있고, 잘못된 기사가 보도되기도 한다. 돌팔이와 사기꾼은 과학적 사고가 성숙한 합의에 이르려면 힘들고 오랜 시간이 걸린다는 점과 과학의 복잡한 속성을 악용해 빠른 미봉책을 제시하거나 자신들의 의제에 맞게 연구를 왜곡한다.

과학에 대한 불신이 세상에 아무런 영향도 주지 않는다면 이 책은 나올 이유가 없었을 것이다. 하지만 과학 부정론자는 정부가 기후 변화 같은 중요한 문제에 아무런 조치를 하지 못하게 막고, 다른 사람의 건강을 해치고, 심지어 죽음에 이르게까지 하면서 사람들에게 의심의 씨앗을 뿌려 놓는다. 그런 이유로 가짜 과학과 진짜 과학을 구별하기 위한 규칙이 필요하다. 여기서 소개한 20가지 방법은 좋은 과학과 나쁜 과학, 의학과 돌팔이 수법, 사실과 허구를 구별하는 데 도움을 줄 것이다.

RULE 1

동료 심사를 거친 학술지에 게재된 연구 논문은 그 분야의 전문가에 의해 엄격한 품질 관리를 받은 셈이다. 가장 중요한 논문은 동료 심사를 거치는 최고의 학술지인 〈사이언스〉, 〈네이처〉, 〈셀〉, 〈미국 국립과학원회보〉, 〈뉴잉글랜드 의학 저널〉, 〈랜싯〉 등에 게재된다. 동료 심사를 거친 학술지에서 나온 자료라면 대개는 합법적이라고 볼 수 있다.

RULE 2

아무리 유명하더라도 약탈적 학술지에 발표된 연구는 의심의 눈으로 살펴봐야 한다. 2500여 개에 이르는 약탈적 학술지 목록은 https://beallslist.net/에 소개되어 있다.

RULE 3

사전 인쇄 서버는 아직 동료 심사를 받지 않는다. 따라서 사전 인쇄 서버에 올라온 논문은 다른 과학자와 학술지 편집자로부터 진짜 과학으로 인정받지 못했다는 점을 알아야 한다. 오히려 그런 논문의 저자는 동료 과학자가 자신의 연구를 평가하고 연구의 구성 요소로 이용하도록 논문을 올린다. 이런 논문이 사전 인쇄 서버에 얼마나 오래 게시되었는지 확인해 보는 것도 좋다. 일 년이 지났는데도 논문이 동료 심사를 받는 학술지에 게재되지 않았다면 미심쩍게 봐야 한다.

RULE 4

연구가 실제로 인간을 대상으로 한 것인지 확인해 본다. 쥐에게 효과가 있는 약이 인간에게도 효과가 있는 것은 아니기 때문이다.

RULE 5

상관관계가 인과관계를 뜻하지는 않는다. 두 변수 사이의 연관성이나 상호 관계를 찾았다고 해서 둘 중 하나가 다른 하나의 원인이어야 하는 것은 아니다. 거기에는 그 밖의 변수도 작용할 수 있기 때문이다.

RULE 6

기상천외하게 들리는 주장은 경계해야 한다. 숨이 멎을 정도로 놀라워서 "믿을 수 없어."라는 말이 입에서 흘러나온다면 동료 심사 논문 같은 믿을 만한 증거를 찾기 전까지 그 주장을 믿어서는 안 된다. 뉴스나 소셜 미디어에 올라온 게시 글이 거센 감정, 그중에서도 특히 분노를 일으킨다면 더욱 주의해야 한다. 감정에 호소해 비판적인 사고 능력을 의도적으로 차단할 가능성이 크기 때문이다.

RULE 7

맞춤법과 문법에 오류가 많은 정보는 의심해 봐야 한다. 정보 작성자가 맞춤법조차 신경 쓰지 않았다면 그런 정보는 사실 검증 과정을 거치지 않았을 가능성이 크다.

RULE 8

정치적 논쟁에는 대립하는 양쪽 진영이 필요하지만, 과학적 합의는 그렇지 않다. 언론 매체가 과학적 합의와 거기에 동의하지 않는 비주류 과학에 똑같은 방송 시간을 주는 '거짓 균형'은 주의해야 한다. 과학적 합의를 훼손하고 과학에 대한 불신을 심어 이득을 얻는 기업의 후원을 받는 사람들이 위험천만한 견해를 내놓는 것도 경계해야 한다.

RULE 9

부정 편향, 가용성 편향, 확증 편향 같은 인지 편향을 주의해야 한다.

RULE 10

설득력이 강하고 지금까지 믿고 있는 모든 사실을 입증해 주는 정보를 읽거나 보게 되면 그런 정보가 정당이나 정체성과 관계없이 공평한지, 정치적 편향성이나 사회적 정체성을 이용하는 것은 아닌지 분명히 따져 봐야 한다.

RULE 11

정치인이 항상 진실을 말하는 것은 아니다. 정치인의 과학 지식은 오히려 독이 되기도 한다. 때때로 그들은 자신이 소속된 당의 잘못된 방침을 따르기도 하고, 허위 정보를 퍼뜨리거나 사실 관계를 모호하게 만드는 데 앞장서기도 한다.

RULE 12

연예인이 홍보하는 의약품과 과학적 발상은 주의할 필요가 있다.

RULE 13

어떤 의학적 쟁점이 의심스럽다면 세계보건기구, 미국 식품의약국, 미국 질병통제예방센터가 어떤 태도를 보이는지 살펴보면 된다. 이들 기구는 최신의 정확한 과학적 결과물을 보유하고, 외부의 간섭에서 자유로우며, 공중 보건을 책임질 최고의 과학자로 구성되어 있기 때문이다.

RULE 14

어떤 연구에서 인간이 피험자로 이용된다면 플라세보 대조군을 이용한 이중 맹검법 임상 시험인지 확인해 본다. 임상 시험의 규모 또한 중요하다. 더 많은 환자가 참여할수록 약의 안전성 문제와 유익한 효과를 신속히 살펴볼 수 있고, 진짜 약을 받은 환자와 가짜 약을 받은 환자 사이의 차이도 더욱 분명해지기 때문이다. 임상 시험에는 수천 명의 피험자가 동원될 수 있다. 인간이 피험자로 이용된 연구의 규모가 더 작을 때 연구진은 자신들이 주장하는 통계적 확신을 어떤 방식으로 얻었는지 밝혀야 한다.

RULE 15

어떤 증거가 여러분의 마음을 바꿔 놓을 수 있는지 스스로에게 물어보자. 아무런 증거도 없다면 여러분의 비판적 사고를 경계해야 한다.

RULE 16

돌팔이 의사는 의약품과 의료 행위를 홍보하느라 환자의 경험담을 이용할 때가 많다. 믿기지 않을 만큼 좋게 들리거나 만병통치약이라고 주장하는 의약품은 경계해야 한다. 환자의 경험담이 과학적 증거를 대신할 수는 없다. 또 의료 행위를 통한 치료는 장담할 수 없으므로, 진짜 의사라면 결과를 약속하지 않는다.

RULE 17

건강 보조제 광고가 의약품 광고처럼 들린다면 조심해야 한다.

RULE 18

환자를 모집하기 위해 현장 할인, 감정에 호소하는 환자의 경험담을 담은 동영상, 허울뿐인 환자 모집 광고 등의 강매 수법을 동원하는 병원은 조심해야 한다.

RULE 19

텔레비전 쇼는 엄청난 양의 가짜 뉴스를 만들어 낸다. 각종 쇼는 대중의 관심을 끌기 위해 새롭고 자극적이지만 꼭 정확할 필요는 없는 정보를 찾는다. 텔레비전 쇼에 나오는 방송인을 여러분의 의료 소식통으로 삼아서는 안 된다.

RULE 20

'과학적 성과', '기적의 치료', '비밀 성분', '고대의 치료법'과 같은 말이나 제품이 '천연적'이라거나 '무독성(꼭 안전하다는 의미가 아니다)'이라는 주장이 담긴 광고문은 경계해야 한다. 화학 물질이 다 나쁜 것은 아니며, 또 천연 물질이 다 좋은 것도 아니다.

지식은 모험이다 25

10대가 가짜 과학에 빠지지 않는 20가지 방법

처음 펴낸 날   2022년 8월 10일
두번째 펴낸 날   2023년 12월 26일

글   마크 짐머
옮김   이경아
펴낸이   이은수
편집   오지명, 박진희
교정   송혜주
디자인   원상희
마케팅   정원식
펴낸곳   오유아이(초록개구리)
출판등록   2015년 9월 24일(제300-2015-147호)
주소   서울시 종로구 비봉 2길 32, 3동 101호
전화   02-6385-9930
팩스   0303-3443-9930
인스타그램   instagram.com/greenfrog_pub

ISBN 979-11-5782-194-5 44300
ISBN 978-89-92161-61-9 (세트)